平台律师

大技术时代律师和律所
的跨界融合之路

李海林 支合 / 著

中国法制出版社
CHINA LEGAL PUBLISHING HOUSE

序言

在第三方平台上“跳舞”的律师

1 第三方“魔方”和平台律师

2016年年初，我非常尊敬的一个老同行问我最近在做什么？我说在做第三方，以律师为核心的第三方平台的搭建。构建以律师为核心，包括但不限于律师的第三方服务者联盟体，这个联盟体的所有成员都称为跨界事业合伙人。这个老同行很惊讶，他笑着说，又不务正业了吧，这是法律业务吗？我笑了笑，为什么不是呢？

2016年7月，来自美国的一个华裔律师朋友和我聊起了这个第三方业务。她说，第三方，老土吧。在美国，第三方是一个服务业概念的总称，你为什么用第三方的名字呢？但是她非常在意这个第三方中的跨界事业合伙人，认为律师有义务把第三方服务业整合成一个联盟体，为社会提供系统的增值服务。让专业的人做专业的事情，让专业的更专业。她开始在美国也筹建类似的平台。她是一个美国移民律师，需要一个大的平台，在中国推广她的移民业务。

2016年10月，我们的律师事务所要搬进2000多平方米的写字楼，在这个办公楼里，设置了两个牌子，一个是律所，另一个是第三方联盟机构。联盟机构牌子下面是联盟以事业合伙人模式成立或加盟的各类关联服务公司，如知识产权方向的知识产权公司、商标公司等。

有些老律师对加挂联盟机构的牌子很不满意，说：咱们以后到底是以律师业务为主还是第三方？我让财务人员给大家算了一笔账。大家发现，几年来，律所通过第三方机构输送案源实现的增值业务，比没有第三方的时候多了不止一倍。然后我给律师同人说，我们做的业务只要以律师为核心，只要基于规则，就叫法律业务。对于我们律师和律所来说，这些联盟机构，实际上就是法律辅助公司。于是大家对第三方信心更足了。

多年来，作为律师事务所主任，我真的不知道，是我下属律所的商标部挣钱更多，还是联盟旗下的商标事务所挣钱更多。因为我从来不过问业务之外的事情。但是，我知道，我们平台项下的非律师人员，早已经超过了律师的人数。现在，往往是三四个，甚至是十几个非律师人员为一个律师提供服务。这些非律师人员，我称为法律辅助人员；非律所机构，我称为法律辅助机构。

早在2015年，我们就成立了一个名为“第三方服务”的公司。这个公司试图作为一个平台的壳，邀请任何一个道德高尚且有职业资格的精英服务人员加盟，甚至成为这个公司的股东；也邀请那些第三方服务行业的机构以法人的形式加入这个公司，来一起分享第三方平台上的业务。我们甚至还设置了一个奇怪的禁令，任何人（机构）不得进行投资性经营，因为这个第三方服务公司，就是一个大家共享的“壳”。到现在，这个第三方平台，已有数十家服务机构加盟，旗下有近千名第三方精英服务人员。这些人是律师、会计师、评估师、税务师、专利代理人、心理咨询师、造价师、建造师等。

这件事情还要从更早说起。我和我的合伙人一直有一个伟大愿景，试图打造一个适合地方律师事务所发展的模式，我们甚至从骨子里认为，如果加盟北上广的律师事务所，我们将失去自己——它们的运营模式并不适合我们这样的地方律所，我们已有了属于自己的理念。相同的是，如很多律所主任的认知一样，我们也认为，专业化是未来律所的发展之路。但是，问题是如何做得更加专业化。

在更早的时间里，我们也尝试专业化，但是，最终我们没有找到专业化发展之路。因为无论是人才资源储备还是客户资源拓展，都是我们地方律所的缺陷。尽管如此，我们仍然坚持不懈地鼓励律师考取会计师、评估师、税务师等更多的专业证书，以充实我们的人才储备。但遗憾的是，除了知识产权等几项业务外，在地方省市，因为没有客户供专业律师实践，我们的专业能力提高得很慢。这是在2014年之前我们的努力。后来我们总结，当时我们走向了一个误区，认为专业化律师必须有另外一个专业证书，并因此具有专精的能力，只有这样的专业律师才能给客户提供更专业化的服务。这个阶段，我称为律师+专业资格证的专业化发展之路，实践证明，我们失败了。

我和我的团队始终认为，鼓励我们的律师考取更多的资格证书是没有错的。错的是我们没有客户资源。客户的游艇在哪里？我们研究发现，在会计师那里，在税务师那里，在于我们之间的联合。为什么不联合其他专业服务机构呢？假如将那些会计机构等服务机构联合在一起，组成一个平台，是不是就有客户了呢？接着我们探讨，给这个机构起名叫“第三方联盟”，给加盟者起名叫“第三方跨界事业合伙人”，并试图民主化，引入项目制度，甚至在项目制度里引入基于有限合伙的事业合伙人制度。于是，我们建立了自己的组织系统，并用两年时间逐渐完善。终于，我们成功了。

那个时候，我们律所的律师总共不到100人。现在，先是系统业务专业团队的拓展，接着是第三方平台律师的发展，使我们拥有的直属团队员工已经超过300人，这里包括200多名律师，几十个会计师，几十个知识产权从业人员等。而我们的联盟体成员已近千人。

在第三方平台中，不仅仅是律师，所有的合伙人都在这里“跳舞”；律师，则是这个平台上的“精灵”。更重要的是，我们发现，这个第三方平台，不仅是合伙人的平台，而且是所有企业都可以参与的平台。企业对这个平台的需求，竟然大于合伙人本身的需要。因为整合后的平台可以提供一条龙的第三方服务；因为，在平台上，汇集了人脉、技术、项目和资本渠道。

第三方平台，像一个“魔方”一样打开了律所发展的桎梏，给了我们无限的空间。后来，我们干脆将在第三方服务平台上服务的律师称为平台律师。我们将这里的非律师人员即法律辅助人员，也称为合伙人——跨界事业合伙人。那么，到底什么是平台型律师？什么是跨界事业合伙人？我们开始梳理和总结我们的模式。

2 系统流程节点管理和法律服务

成立第三方平台之后，我们再回到专业分工就容易多了，因为平台满足了我们的客户市场。在一个平台项下，我们将每一个业务称为项目，项目下的具体业务称为案件。而对每一个项目下的案件，则按照系统化思想和路径进行研判、办理、管理，即针对项目和案件进行系统业务研发、分工、办理、评估和监督等。

当我们引入平台和系统思想之后，我们发现，其实我们以前就是这样做的。在没有第三方服务概念的时候，我们就已经将所有的非诉和顾问业务当作系统流程节点运营，试图将每个环节的法律业务做到更精准。但现在从无意识到有意识，我们将这种理念也引入非顾问类型的非诉讼业务。在我们的平台模式下，将一个个项目和案件当作一个个的系统处理，相同的、类似的案件叫作项目。此时，我们将法律业务分类为：诉讼业务、顾问业务、专项（系统）法律业务、平台法律业务。

我们第一次提出了“系统流程节点管理业务”的概念，将系统论引入了非诉讼（顾问）法律业务中。我们认为，基于“系统流程节点”管理模式的非诉法律业务，未来将是律师业务中非常庞大的组成部分。比如，在尽职调查业务中，我们可以将其细分为上百个节点，之后，律师只要完成了这个流程上指定的节点，即完成了这一业务。在一个系统内提供法律服务的律师，我们称为“系统律师”或者“专项律师”，我们自己戏称为“专项律师做系统，系统律师做节点”。

一个系统就是一个项目，一个系统项下的节点就是一个专业问题。在平台项下，思考法律业务，更容易导入项目思维，而什么项目是符合市场的，是可行的？如何操作？对这些问题思考和完善的过程，我们称为项目研发。在一个非诉讼（顾问）法律业务范围内，系统律师必须首先研发业务模式，即将所有相关的法律知识系统及相关的业务知识系统，进行细分、剥离、整合，并最终形成可以独立操作的控制系统，我们称为“业务模式”。在这个模式下，按照团队贡献设定分配比例，如在业务中从事研发工作的，将获得未来项目5%—20%的贡献价值。系统模式确定后，接着就是市场营销和业务办理等。

这里的系统律师，是基于平台框架而融入的概念。在没有平台之前，我们试图专业化、系统化，之所以失败，是因为没有平台支撑。而有了平台之后，律所外更专业的会计师、税务师的加盟使我们的系统模型更接地气了。因为，再专业的律师，就非法律领域，如财务领域也是不专业的，而专业人士如注册会计师的加盟，就弥补了我们研发项目中基于非法律业务实践上的不足。同时，注册会计师本身又积累有自己的客户资源，因此，我们扩大了客户资源。于是我们研发的项目越来越多，加盟的第三方机构和专业服务人员越来越多。在系统化思想控制下，我们的第三方平台也越来越大。整合后的第三方平台及项下的资源将市场的蛋糕放大了。这，使我们对平台充满了信心。

流程节点管理体系，是第三方平台核心程序的枢纽。最初的第三方，只是服务参与者的资源互享平台，是服务者联盟自己的舞台。只是纯粹的联盟体，是一种松散的联盟。如果没有业务的凝结，平台随时可以解散。但当我们在公司化平台整合的基础上成立案件管理部，嵌入并细化了流程节点管理后，就使第三方平台更公司化、系统化，也更专业化了，这个联盟就变得牢固起来。第三方平台已经不同于以往介绍业务的简单联合或联盟，而是实质上的利益分享体系。

现在的第三方平台，随着我们业务的拓展，似乎不仅限于给自己提供服务这么简单，还有更大的优势在其中。此时，技术、项目和资本渠道汇聚过来，更多的客户自然也加盟进来，成了第三方平台的市场参与者。

3 第三方平台和平台律师

一个个的流程节点汇集起来，就是一个专项法律业务，就是一个“纵向”的法律服务体系。一个专项法律服务，在流程节点的支撑下，就是小的专项法律服务平台。一个个的专项法律服务平台，横向地联合起来，就是一个基于第三方服务的大平台。在这个平台之上，有做诉讼的，有做顾问的，也有做专项的，不仅如此，还有专门给平台提供服务的。那么，这个给平台提供服务的该叫什么？他的地位、职责和功能是什么？我将这个角色称为平台律师。这个平台律师，就是设计、参与管理和监督平台，并为诉讼、顾问、专项律师，为其他服务者，为客户提供服务的律师。

2015年，我最初提出了“平台律师”这个概念。我向我的合伙人提出了基金公司、移民公司等案例。在国外，基金和移民业务大部分是由律师和会计师来运营的。为什么中国的律师不可以做基金律师、移民律师呢？基金律师和移民律师的业务有什么共性特点呢？是不是还有一些类似共性业务呢？为什么律师和我们的跨界事业合伙人不可以运营这些业务呢？比如，一个从事基金业务或移民业务的律师，他们是什么律师呢？我们是否可以将类似的律师业务进行共性概括，并给这类业务起个名称呢？我告诉我的合伙人们，这些律师，实际上就是平台律师，只是分别称为基金律师和移民律师而已。我们中国律师也可以做这些业务。

基金律师和移民律师运作的共性，差不多都是基于这样的流程：先是勾勒一个项目，然后成立专门的组织，之后由律师或会计师作为核心管理者，来监管这个项目平台的运营，让所有试图达到某个目的的人进入这个平台，各自投入资源，当运营达到一定阶段后，各自拿走应得的收益。因此，我首先假定这类律师就是平台律师。从事基金和移民业务的律师，不仅在于他们业务精通，更重要的在于这些人更可信，对客户具有先天的忠诚度，他们基于忠诚而获得声誉和利益。

我们反过来做一个假定，即假定这些业务由企业投资者来运营。那么，因为企业投资者以追求利益最大化为目的，他们首先考虑的就是利益最大化，而不是项目本身的安全性，那么，如何保证客户将资金交给这些企业，而企业不将客户资金挪作他用呢？除了事后发现外，我们没有办法监管这些企业。那么，假如基金公司交给律师或会计师等来管理呢？显而易见，律师或会计师介入移民或基金业务，追求的是长效机制，追求的是长远利益，加上他们本身的职业道德，这些人首先考虑的就是客户的资金安全，其次是客户目的的实现。因此，律师和会计师是基金和移民项目的天然管理人。因此，社会服务性平台，不能由投资人来管理和掌控，只能由律师、注册会计师，这些不追逐短期利益的精英人士来管理和控制。也正因如此，我们在服务平台运营中，设定了两个禁止；一是禁止律师和注册会计师在平台上进行投资性经营；二是禁止非精英服务人士或机构在对平台投资中参与管理和控制平台。

在中国的平台运营中，因将资金交给那些企业家来管理而失败的案例比比皆是，如非法集资、私募资金、网络众筹等。网络众筹，简直是在虚拟空间搭建的众筹平台，谁也看不见谁。更多的众筹管理人，处于无人监管状态，他们追求融资的最大化，甚至许可投资人更多的利益，然后迫不及待地将资金交给用资人，结果，对用资人而言，又没有任何监管措施——至少出资人看不到。于是，在这个缺少管理机制的虚拟平台之上，很多投资人的资金都打了水漂。于是，中国的众筹事业就出现了危机。众筹缺少控制和监督，即没有人能控制其中的风险，或者说没有人能控制使用资金的人怎么花掉大家的投资，用资人怎么使用资金。比如一个股权众筹，发起人可能既不给股权投资者到工商部门办理股权登记，也根本没有将筹集到的钱用到事先约定的投资方向上，甚至直接挪作他用。在利益面前，对于一些丧失良知或管控的企业家而言，除了利益，一切都是虚谈，对于他们来说，放在自己篮子里的钱就是自己的。

美国的基金或移民项目很少出现这类事情，一是由于美国的市场机制更为健全，二是这些项目是由律师和会计师来发起的。对于律师或会计师来说，他们如果违规，则是犯罪，而他们更想通过职业操守获得长期稳定的利益。因为律师和注册会计师们取得的资格加上信誉比贪污某一个项目的资金，更具有价值。

我始终认为，网络之上的众筹也好，P2P也好，网络之下的私募资金也罢，这些事情应通过律师或会计师搭建的平台来做更安全。制度应设定并允许这些人不承担投资人的投资风险——投资风险始终应是投资人的；又要设定这些专业人士必须承担资金流通环节的安全风险，即投资外的管理人风险。如此，就可以将网络资本平台这个“老虎”纳入可控范围之内。

如果律所成立以不限于律师、会计师为团队的管理平台，并对非经营型亏损的资金及管理风险承担一定责任，那么让众筹发起人在这个平台上发起众筹，或者将管理权部分或全部托管给第三方平台，是否能够在一定程度上避免上述风险呢？我认为至少是可以局部控制。当然，这里只是一种假设，我试图证明律师和会计师搭建类似平台，并按照系统化思想设定管控模式，或许会更安全。这也证明平台律师存在的意义和对社会的重要性。但在目前的状况下，我并不建议我们的律师同行们去介入资本行业。

中国目前最大的问题之一，在于市场诚信体系出了问题。金融风险的背后，是控制体系；控制体系的背后，则是诚信体系。假如让任何一个企业自己发行债券、借款甚至私募股权，而没有第三方对其控制，融资得到的钱，可能大部分使用不到融资目的上。原因不是中国没有法律，而是中国市场机制还不健全，还没有打通市场“瓶颈”的问题。具体到金融市场上，就是金融市场不畅通。为什么不畅通，原因之一就是缺少第三方监管体系。

一个诚信且规范的第三方平台体系的出现，在一定程度上降低了这种失控的风险。比如，我虽然反对现在的介入贷款、众筹、P2P业务，但我鼓励律师们搭建平台介入公司托管和股权管理托管业务。这是什么样的业务模式呢？

在中国，有很多类似的家族企业，比如这家企业几十年没有外来股东加入。盈利的时候，老板不想让别人加入；亏损的时候，即使这个老板说得天花乱坠，别人也不敢加入。这是民营企业的恶性循环。假如第三方平台一开始就加入一个民营企业的管理控制体系呢？比如，我们第三方平台的管理公司，带领旗下的律所、会计师所，联合给一家初创的民营企业服务，然后告诉老板，这家公司的财务、法律必须交给第三方管理并具有独立性，只有在股东会通过的运营计划内，管理人老板才能具有自主权，调整必须经过其他股东同意。若挪用资金，即使是控股股东，也构成挪用资金罪。如此的第三方介入托管模式和公司治理模式，假如这家民营企业项目盈利，这家民营企业是否能够吸引更多的股东投资呢？

通过律师和会计师等专业人士的介入，打造一个相对封闭的平台，从而打通市场“瓶颈”，让参与者在平台上从事某种提升价值的活动，是第三方平台的终极意义。我理解的最合规的、最安全的第三方平台，就是这类以律师为核心，规范、诚信、增值的大平台。而律师将是平台本身以及推动企业发展的核心控制人和管理人。这种律师，就叫平台律师。

平台律师的任务，一是按照合规和市场需求设计平台模型，设计各个专业划分平台以及服务的每一个流程节点，满足客户需求；二是以市场细分和融合为基础，整合平台资源，汇集各方更专业化的服务精英的加盟；三是与第三方服务精英联合为社会和企业提供服务；四是参与平台管理并进行监督。平台律师，就是平台这个服务模式、制度的总设计人、指挥人、管理人、监督人。当然，具体到某个特定的平台，这些角色可能交给不同的律师来担任。

4 跨界、融合和未来

当我和我的合伙人研发平台模式的时候，律师界里，最近也开始提出了跨界融合的概念。第三方平台就是典型的跨界融合，但与松散式的联盟比较，我们提出的这种平台型融合是一种紧密型的、半封闭的跨界融合模式，因此，我自信地认为，我和我的合伙人寻找到了律师行业的未来之路。不错，这条路，就是基于第三方平台的跨界融合。当我们以第三方的思维，跨出了半步，我们的视野变开阔了，我们的世界突然变大了。

最近，看到一位律师用略带忧郁的口吻在微信上发了个消息说：“历时三年的跨界融合体验生活，今天宣告结束。我自己的体验？——还好，没有变成他者或智能机器人，还好，我还是中国的律师。”这是位在业界非常优秀的女律师，我仰慕已久，但没有接触过。我不知道她是如何跨界融合的，又曾经走过什么路。

但是感觉到了她对律师跨界融合的迷茫。

我不敢苟同一些专家和律师提出的其他的跨界融合之路，我理解的律师之跨界融合，是平台+规则+律师+增值服务+其他的融合。一是律师的跨界融合首先是基于平台项下的跨界，松散式的非平台跨界，或所谓的合作，最终都将流于形式。而且这个平台，一定不要限制其他服务者的加盟。在平台项下，基于某个项目，按照研发的流程节点，各类服务者通力合作，各负其责，各行其是，这是成功的根本。二是律师要勇于担当跨界融合的带队人。在跨界中，律师是规则的设计者，是天然的组织者和引领人。三是律师跨界只能跨半步。“跨界”的界不能突破服务的界，只能融合服务者并搭建服务者联盟平台，而不能自己带着一群服务者成为实际的投资人。四是律师跨界，必须以服务客户价值增值为目标，不能仅限于律师维权，通过服务者的联合，如何实现客户的价值增值，是跨界联合的终极目的。五是律师跨界，实际上是从诉讼律师到顾问律师，从专项律师再到平台律师的过渡过程，律师不能做法律之外的服务。做律师之外的业务，就是抢了别人的饭碗，第三方平台就是空中楼阁。或者说，各负其责，利益分享是跨界成功的关键，只有如此，才能有更多的服务者加盟，才能吸引市场客户的汇聚。也只有这样，律师跨界才能真正找到自己的天地，而不至于在跨界中迷失自己。

跨界、融合，事业、合伙，细分、平台。我们脚踏实地，才能看到无限的未来。

律师，将从维权服务走向增值服务；律师，不但是中国市场的守护者，也将成为中国乃至国际服务市场的开拓者。

我们抬起脚，跨出了半步，与社会服务者形成了一个牢固和蓬勃发展的半封闭的内循环市场，这个市场，就是第三方服务平台市场。这个市场之内，是我们平台下的包括律师在内的所有的跨界合伙人，以及跟随者——“信仰”我们的理念并选择跟随我们的客户；循环外，是我们和我们的客户一起面对的中国乃至国际的大市场。我们的团队戏称，在未来，阿里巴巴、亚马逊等，它们在天上，是虚拟空间，负责销售平台；我们的“第三方”，在地上，是现实空间，负责安全和价值推动。这两个空间，未来将支撑起这个蓝色的星球。

我突然想到了我们的律所文化。办所之初，我们律所的宗旨是“大道德行，诚信守中；渡厄解困，止戈腾龙”。当我们试图开拓以跨界事业合伙人为基础的第三方平台业务时，有律师提出应该修改律所文化的内容。后来一位老律师提出，关键还在于“德”和“诚”，在中国无论是企业还是个人，长远发展的关键还是在于“德”和“诚”，律所的发展亦如此。而第三方事业的目的，则在于给社会解决不能解决的难题，化解各方矛盾，推动企业和个人的发展，最终凝聚成一股力量。所谓“腾龙”，这里的龙，不是我们律师，而是我们所服务的个人、企业，甚至这个国家。

提出上述想法的老律师叫孙振魁，曾经做过20多年中学教师，当过中学校长，中年突然感觉到了律师行业的召唤，到一所著名的大学脱产读了研究生，然后加盟我们的律所。他参加过最高人民法院的研讨会，给老百姓打过许多免费官司，媒体多有报道；他写过很多书，从甲骨文研究到历史小说再到法学，涉猎很广；他还把自己的儿子带到我们的律师队伍，成为我们所的父子律师。如今，我们所有六对夫妻律师，一对父子律师。

融合，是一种宽容和包容，是一种境界和深度，更是一种方法和途径。

5 一路风雨，一声深深的感恩感谢

豫龙律师团队走到今天，历经坎坷，已届20年。在这风雨坎坷路上，有许多默默支持、鼓励和帮助我们的人。在此，向他们说声感恩，道声感谢。

我们的律师团队，在成立之初就开始专注于为社会弱者提供帮助。我们参与过上千次的电台热线，为社会提供了数万次的义务咨询。郭诚、花阳、紫鹃，这些曾经在河南文艺广播电台、信息广播电台著名的节目主持人，一路风雨，和我们一起通过电波传播着法治的力量。

我们曾经为老百姓免费打过无数次的官司。感谢孙振魁、王喜文等律师，他们勇于担当，不计报酬；也感谢大河报社，热心找寻需要帮助的人，并默默地为我们免费提供数十次关于免费法律援助的整版报道，与我们一起联合策划“大河法律帮助特别行动”；感谢编辑周瓒、刘静，记者韩璟伟，他们一路陪同，始终相伴。

因为太专注，当我们给社会提供服务的时候，我们忘记了自己的贫苦。当时我们律所经历过一系列苦难——我们内部因为发展方向产生过分歧，甚至爆发过合伙人内部矛盾；我们迷茫过，我们痛苦过，我们困惑过；当一个大的企业想收购我们并开出了很多诱惑条件时，我们甚至动摇过。

曾经在最艰苦的时候，我们的合伙人各奔东西。但就在这时，一个我们曾经帮助过的渔民摇着小船，给我们送来了他在黄河里打的鲤鱼；一个我们曾经帮助过的农民，给我们扛来了他从地里刚刨出来的花生；韩璟伟、花阳等著名记者和节目主持人默默地与我们相伴，许许多多我们曾经帮助过、接触过的人鼓励我们坚持下去。

走的走了，留的留了。留下的，有的律师将他的房子卖掉，义无反顾地支持律所发展。曾经最窘迫时，律所只剩下6人，但我们最终坚持了下来有了今天的规模。

10年前，豫龙人也曾一再迷茫，挣扎于挣钱和做事业的选择间。一个退休多年的老法律人告诉我说：“‘大道至简，大道永恒’，加上你们的‘大道德行’，你们才能更加完美。选择了就要做下去，必须将法律做成事业，尤其要持续给年轻人机会，带着年轻人做实事，才是你们的未来。”老人一语如醍醐灌顶，豫龙所的信仰终于不再改变，也不想改变。

大道既定，之后就是业务道路的选择。豫龙人在坚持本心的同时，不停地在失败中寻找适合自己的方向。每年都有项目失败，每年都有许多看起来很聪明、有前途的律师离开这个团队。许多离开的律师，在别的律所开始了他们的辉煌之路。有人说，这个所是年轻律师培训基地呀。但是，豫龙无声，还在坚持自己的路。

放眼全国，我们还很弱小。但是，我们的律所已经有了自己的路，大道渐现。我们将以法律服务为核心，以知识产权为推手，搭建第三方服务平台，给社会提供维权和增值服务。我们即将踏上更远的路！在路上，也许支持会有，反对亦然会有，但我们义无反顾。

一路风雨，一路坎坷，我们感恩一路上陪同我们的人，感谢曾经这样或那样帮助过我们的人！

目录

Contents

第四章 从事业合伙人到平台事业合伙人

第一章

关于律师行业发展的思考

律师，到底“卖”的是什么？什么样的律师才是专业律师？我从事律师20多年，一直反复思考这两个问题。第一个问题，我确认律师业务无非一类法律服务产品，但接下来的问题是，法律服务产品如何细分，细分后的产品如何定位？在这些细分后的产品系列中，到底什么是畅销、最能吸引客户的，到底什么才是更长远的（产品），每一个律师又如何细分职业定位？第二个问题，站位在中国这个特殊法律环境中，让我去思考中国律师的专业化之路。比如中国有律师专业吗？中国律师的专业化和国外律师应有什么不同？无处不在的“万金油”式的律师，如何去和国际专业化的律师竞争？地方律所和北上广深的律所在专业化运营上有什么不同？中国律师的专业化，我们如何做？在两个基础问题之上，一系列的问题凸显，甚至人工智能出现之后，有一些人提出，律师职业会消失吗？带着这些问题，我结合20余年创办律所的实践，在这里与同行们一一解析和探讨。

1 专业化（一）：中国有律师专业吗？

在中国，有一个特殊的职业，叫律师。我骄傲，因为我是这个职业中最敬业和执着的那一群人中的一员，我把律师当作一生的事业来做。或许正因如此，作为创始合伙人，我经营的律所，律师团队如今已突破了200人，加上辅助团队，人员规模已经突破300人。

自我和我的合伙人创建律所至今，我总是亲自负责律师招聘。在招聘中，我总是问应聘者类似的问题：你喜欢律师这个职业吗？你将律师作为事业吗？大部分的应聘者做肯定的回答。但是其中一个应聘者老实地回答说：我学的是法律，但是大学里没有律师这个专业，我不知道怎么做。“我喜欢法律”——但不知道怎么做。这怎么把它当作事业呢？！好吧，这个问题只能交给律师事务所，让律师事务所从头教这个年轻的法学生怎么做！从职业上讲这个年轻人马上要做律师了，但他不知道怎么做律师。这对一个律所来说，是非常尴尬的。

大学有律师专业吗？我顺着这个问题进行检索，发现中国的大学里从本科到硕士，很少有设置律师专业的。这算是一个问题吗？在我的认知里，答案是肯定的，这确实是一个问题。

当我们从诉讼视角看待律师职业，这当然不是一个问题。因为在这个视角下，无论是法官、检察官还是律师，只需要学习的是法律专业就可以了。至于更细分的，到研究生阶段或博士阶段，无非设置刑法、民法等方向的更加细分的专业。但是，当我们从专业化和非诉讼的视角审视律师职业的时候，问题就出来了。比如说，一个不懂得专利和技术的人能够做好一个知识产权律师吗？一个不懂得会计业务的人能够做好反舞弊调查吗？一个不懂得建筑相关知识的人能够做好建筑纠纷案件吗？关于这个问题，争议颇多。

很多知识产权专家认为这不是一个问题。他们认为，知识产权本身更关注权利，只要明白知识产权的权利属性，娴熟地掌握好法律知识，就能做好知识产权律师。他们宣称：让权利的归权利，让技术的归技术（专家）。但很显然，一个本科是理工科而研究生是法学的学生，比单纯的文科出身的学生更适合从事知识产权律师的职业。至少在我招聘知识产权律师的时候，我会优先选择理工科＋法学的学生来我所做知识产权律师。

在很多国家，大学是没有法学专业的。一所国外大学培养出的律师，也许本科学的是物理、艺术、哲学或历史，因此具有不同的专业背景。这些律师专业化很难吗？太容易了。比如，学建筑的，更能成为专注于房地产流程管理的律师；学金融的，更容易造就一个专业的金融律师；学物理的，更容易造就一个知识产权律师或者专利律师，如此等等。

回到中国。中国律师大部分是法学专业出身，法学在分类上属于文科。因此，即使偶尔有学理工科的考上了法律硕士，他们也要被迫以“文科思维”来认知法律，认知诉讼。等这些人进入律所做律师后，如果不给他专业化的平台，仅仅让这些人从事诉讼，反而很难赶得上那些思维跳跃的文科生！这些人，显然更加不适合诉讼。

在国际惯例上，做诉讼的律师仅占非常小的比重，大部分律师从事的是非诉讼的法律服务。而现在中国大部分的法学院校教授传授的知识是什么呢？——是诉讼。因为中国很少有更细分的律师专业，因此，大部分法学院校的学生毕业后，或者做法官、检察官，或者做诉讼律师。这种模式，可以将法律人才培养成最好的诉讼律师；因为思维的限制，却很难转型为最好的非诉讼律师。

20世纪，律师稀缺且无法满足诉讼业务刚需的时候，这根本不是问题——大部分律师仅靠诉讼就有饭吃。但是到了21世纪初，律师数量已经基本满足诉讼业务之后，更多的律师选择非诉讼业务的时候，问题就凸显了。针对这个问题，我带领我的律师团队，从2005年开始试图改变这种现状。我们鼓励律师考取第二专业，比如鼓励曾经在高中学理工科的再考取理工科的第二学位或研究生，鼓励律师考取建造师证、注册会计师证等资格证书，鼓励文科毕业的律师考取心理咨询师、房产经纪人等资格证书。同时，招聘更多的理科生加盟我们的团队，然后鼓励他们考取法律资格，按照“法律+”的思维，培养他们做非诉讼的带头人。经过10多年的发展，我的团队相当一部分成了双证甚至三证、四证律师。我称这类律师为某个方面的专业律师。

中国律师，应呼吁在大学建立更专业的律师学院。学院的起点可以是研究生，欢迎更多的非法律出身的学生考入这个学院。这个学院能把律师业务进行细分，只要是社会需要的专业，比如基金律师、知产律师等，就应该在学院中专门教授；这个学院需要那些富有实践经验的律师任教或联合执教，而大学教授只负责基础层面的知识梳理和教学；这个学院更注重学员的实践，教授的内容不拘泥于课堂，而力求给学生输入一种思想、一种方法、一种路径。

如此，中国律师在和发达国家的律师博弈的时候，才能更具有优势；中国律师才能更好地为中国的经济发展和秩序稳定提供服务。

2 专业化（二）：律师，无处不在

截至2019年年底，中国司法部官方公布的数据显示，全国共有律师事务所3.2万多家，其中执业律师47.3万多人。这是一个大数字。越来越多的精英人士转入律师这个行业。我相信，在未来，这个数量还将继续增加。以我所在的城市郑州为例，其每年的律师增加人数已经超过了1000人。

律师，似乎已经无处不在。有一次我接待国外的考察团，参加招待宴会的虽然不到20人，但却有4个不同律师事务所的律师。有新加坡的律师，有中国的3个律师，加上我共5人。此时，我突然感到，律师，已经无处不在。

20世纪90年代初，我刚做律师时，整个郑州的律师不到300人；现在已经超过1万人。这是多么大的变化！我刚做律师时一个城市300名律师都显得多余，现在1万多名律师，但感觉大家都很忙。我做律师之初，律师到法院办案，很多法官认为律师是没有用处的。后来，一些法官认为律师能够帮助当事人梳理事实，对查明案件事实有帮助，情况才有所改善。再后来，当事人各方才都开始聘请律师，律师“为当事人做法律引导、明晰案情”的好处才为大家所认可。不仅如此，现在的许多律师，一边在诉讼战场证明自己，一边拓展新的法律领域。现在不仅作为个人或单位的权利的维护者，律师们更是进入非诉讼领域，以推动个人或单位价值提升为己任，向更广阔的法律服务市场转移。

但是现在，一些老律师遇到了自己的短板。在诉讼舞台上老律师口若悬河、意气风发。离开诉讼舞台之后，走进非诉讼市场，老律师们发现依靠传统技能就略显捉襟见肘。一些老律师不适应专业的非诉业务，比如对于常规的合同审查，一些老律师依据其长期的诉讼经验，非常顺手，但遇到建筑合同审查，或者建筑流程管控，或者房地产的融资谈判等情况时，因为缺乏建筑或金融知识，就变得无所适从。

关于非诉业务的开展，早在10多年前，我们曾用3天时间进行头脑风暴讨论，试图“更新”老律师的传统观念。其中一个议题就是“非诉讼必须以诉讼为基础吗”。在讨论题目上，我设置了一个“必须”的关键词。参与讨论的有法学教授（兼职律师），也有法学博士，还有富有实践经验的老律师。当时大部分的老律师非常坚定地认为，如果没有诉讼经验，那么做非诉讼就是纸上谈兵，就是无稽之谈。但我觉得，真理有时候掌握在少数人手中。一个留学归来的博士举例说，美国有基金律师，有移民律师，这些人很少做具体的诉讼案件，他们属于事务型律师。即使在英国，出庭律师也很少（当然，在英国，出庭律师很容易出名，很多出庭的律师被称为大律师）。

专项律师是非诉讼之一，就不“必须”以诉讼为基础。非诉讼为什么“必须”以诉讼为实践的基础呢？在欧美国家，这根本不是问题。由于中国许多法律人士认为，一个律师，不先做诉讼案件而直接开展顾问和非诉讼业务是不可思议的，因此，在中国这就成了一个严肃的、必须讨论的问题。

一个大学教授或老律师会给年轻律师设定这样一个“怪异”的成长路径：做律师的第一个5—10年，必须要做诉讼案件（甚至一些地方律协将这个“诉讼”

实践设定到实习考核里面，认为一个实习律师必须将行政诉讼代理、刑事辩护、民事代理等都要做若干个，否则不予通过实习考核)。做律师的第二个5—10年，这个律师才可以尝试做顾问律师。做律师的第三个5—10年，这个律师就有资格做非诉讼了。一个年轻律师，如此至少15年之后才能做非诉讼！这是令我很诧异的一个成长路径，我称其为“毁人不倦”。老律师，或一些法学院的教授，按照中国律师的成长之路，给年轻律师设定了一条“不归路”——“万金油”律师的成长之路，即什么都会一些，却什么都不专业。

中国的近40万律师，如果都去做诉讼，那么法院中就会挤满代理律师。此时，若有一个单位需求某个方面的专业律师，听到风声的数百上千个律师就可能围拢而上，试图承办这个案件。所以我说，中国的法律服务市场，一方面是律师无处不在，另一方面则是律师“无处可在”。

正是一些律师自己错误地理解了什么是专业律师，结果造成了律师“无处不在又无处可在”的尴尬局面。现实是，我认为，这些律师必须具有专业的资格或与具有专业资格的人联合，才能称为专业律师。我将这种情形称为“法律+”的业务。老律师们遭遇的问题，实际上是中国律师发展过程中的专业化问题，而用老律师曾经的路指导现在的年轻律师怎么做，就把年轻律师的专业化之路堵塞了。

对于这个问题，我也有存在“错误”认识的经历。但是错归错，并没有影响我团队的专业化。一开始我就认为，专业律师必须是双证、三证甚至四证的。只有这样，专业越交叉，拥有的资格证越多，才可称为专业律师，于是我鼓励很多年轻律师考取第二资格证，试图为专业化储备人才。后来，在实践运营中，我发现律师和其他专业机构的合作，也可以做专业案件，即专业律师也可以是一个“稍微懂得专业的律师+具有丰富实践的其他专业资格人”的组合。这样的专业律师，或更具专业化，因为律师即使取得某专业资格证，也远远没有长期从事这个专业的实践人士更专业。这样，律师只要具有一定的专业实践，就可以称专业律师，但是前提是要和专业机构的专业人员联合才能做得更好。

市场是检验专业律师“成色”的唯一标准，对于那些不懂得专业知识的所谓“专业律师”，最终将无处可去。

3　专业化（三）：艰难的律师专业化之路

“万金油”律师是有用处的，比如作为一个“推荐型”律师，利用自己对律师、律所或所在城市法律环境的熟悉程度，向自己的客户推荐更专业的律师；或者变身谈判律师，利用经验丰富的优势，搭配专业化律师与客户谈判，将会收到奇效。但在非诉讼的专业化法律服务市场，“万金油”律师将越来越没有市场，因为此时的中国，法律服务市场正在向专业化市场转变。

律师的专业化，欧美国家100年前就开始了。律师专业化，不仅是非诉的专业化，而且包括诉讼专业化。在一些发达国家，若一个专注于刑事案件的专业律师去做一个民事诉讼，会毁掉这个刑事律师的名誉——你可以做一个公益律师，但是最好别跨行从事法律服务，“陈力就列，不能则止”。只是中国的律师行业真正起步于20世纪80年代，当时律师奇缺，连诉讼也没有专业化。

就一个律师从事的专业而言，未来必须是更专业的，这个专业程度来自同行和客户的评价。对一个律师的最坏评价，就是这个律师什么都会，什么都不精。当你良好的评价被毁掉后，律师前途就会染上污点。

专业化是中国律师必须走向的道路。我们已经迎来了一个大时代，站在全球化的大时代视角上，我深刻感觉到，历史的发展不允许中国以蜗牛爬树的速度来发展律师的专业化。时不我待！我们必须突破“瓶颈”，鼓励年轻律师一开始就选择一个专业化方向去做。但是，遗憾的是，传统路径和观念限制了我们的思维，有时候甚至恰恰是老律师成为专业化发展的阻碍。

某律师协会开会讨论实习律师的考核制度。制定考核制度的理事们提出，要求实习律师在实习期间，将参与多少个民事、行政和刑事案件写入考核内容中。有理事就此提出疑问：假如实习律师的老师是专业做行政诉讼的，那么这个实习律师怎么有机会做其他案件呢？另一个知识产权律师则提出质疑：知识产权案件有时候是非诉讼，比如作为老师的知识产权律师是双证律师（有律师证和专利代理人资格证），带的学生也是双证的，老师带学生专门培养实习律师专业做知识产权贯标业务，那么他如何做刑事案件呢？关键是，这个实习律师未来可能一辈子也不做刑事案件。这就是专业化和现有律师培养机制之间的冲突。

关于律师的专业化方向，以非诉讼方向为例，我能够细列出数百个专业的小方向，仅仅知识产权方向，就可以罗列几十个小的方向，难道让每一个实习律师将这些小方向都实习一遍？因此，我认为，对实习律师的考核，可以考核“大方向”，但是不能限制专业化的发展。在专业律师奇缺的今天，反而应给试图做专业律师的律师更宽松的考核空间。

一般人认为，做专业律师是非常难的，因为一定要懂得非常专业的法律知识，对此我的认识恰恰相反。对于一个有“法律+”背景的律师，或者愿意寻找一个某方向的专业人士作为搭档或助手的律师，专业化是比较简单的。专业律师的培养，和传统型律师的培养模式不同。比如，中国的传统型律师都产生在诉讼领域，这些律师都是通过成百上千的案件“喂养”，历经千锤百炼才成为“万金油”律师的。一个优秀的诉讼律师，可能需要10年以上的功底才能修炼出来。律师界里藏龙卧虎，对这些律师是不能小看的。我甚至认为，最有水平的诉讼律师也许就在某个县城的角落里不为人知——因为基层县域诉讼案件量多，县域也就成了诉讼界的藏龙卧虎之地。

专业律师，则有不同的发展之路。比如我和我的合伙人给专业律师定位为“项目+系统法律流程分解+节点管理”的模式，利用这个模式，很多律师会很快转向专业律师。

我们律所里有一个小团队，专门做旅游法律业务，这个小团队小到只有四个人。如果说经验的话，也许四个人都旅游过，但都不是旅游专业毕业的。因此就旅游专业而言，这几个人是门外汉。开始的时候，我鼓励这个团队将所有的涉及旅游的法律业务进行分拆，进行横向的分类，比如分为旅游事故纠纷、旅游合同审查、旅游公司法务管理、景点风险流程管理等，将它们一一罗列。从游客角度切入，寻找一个游客可能遇到的法律问题；从旅游公司的业务流程角度切入，寻找可能遇到的法律问题；从景区的建设、管理甚至上市等经营管理角度切入，寻找景区可能遇到的法律问题。通过这样的纵横空间的思维，将涉及旅游的法律问题归结为200多个法律点，再将每一个法律点汇总为小流程。这个小团队用了3个月的时间，将法律+旅游当作一个法律产品来研究，给每一个律师分工。比如，一个律师专门负责旅游事故，一个律师负责合规，一个律师负责公司法务，一个律师负责旅游业的公司股权重构等。他们依照这种模式开拓业务，3年时间就获得了成功，也成了律所中收入比较多的律师（这个团队的平均年龄不到30岁）。在这个细分市场中，他们是我所在这个省唯一的专业团队，即使他们还很不成熟，但是仍然成功了，因为一开始他们就站在了旅游法律业务的山顶上。我对他们开玩笑说：你们这是占山为王，结果没有人去抢你们的阵地。旅游法律团队的成功，使我更清醒地认识到，并不是所有律师的专业化都需要非常专业的资格。

在上述的旅游法律团队中，只有一个人做诉讼，而其他三个人都是做非诉讼的。他们将其他诉讼，比如涉及股权纠纷的案件和律所的股权部合作，以提高专业化程度。同样针对股权法律事务，在平台思维的影响下，这个团队正试图联合若干具有同类方向的景区进行旅游资源整合。旅游法律方向，对律师业而言是个不起眼的业务方向，但在他们手中，我相信并期望能够做出更大的市场蛋糕来。

专业化，可以如此简单。也许经过短短不到半年的实践，一个具有法律背景的律师，就可以很快走向专业化。前提是，是否有律所专门去研究某个专业化的方向，形成流程、节点，按照节点进行管理，并且去执行。

解决了专业化问题之后，专业的案源如何拓展呢？专业化实际上很简单。但这看起来比较简单的事情，却成了地方律所的难题。因为专业化不但要做到专业，还要做到放下和舍得——先舍后得。否则，就没有案源。

4 专业化（四）：胸怀、放下、舍得、团队意识

10年前，我们律所试图进行专业化，律所的副主任带队召集了20个人组成团队，这个团队定位为建筑房地产方向。团队用了将近一年的时间，组织律所内外著名的建筑律师以及建筑专家，为我们的律师做专门的培训，并对房地产行业和建筑行业进行流程节点梳理。我们律所的流程节点管理模式就是在这个时候产生的。但遗憾的是，这次组建团队最终失败了。在总计不到1年的时间里，团队总共开了30多次培训会议，组织了20多次的研讨。最开始的一个月，律师们斗志昂扬、饱满情怀，认为大家都可以成为建筑或房地产方面的专家律师；两个月后，大家感到很迷茫，因为讨论后再讨论还是找不到实践的方向；到第六个月，人就散了一半，因为大家没有案源，仍然是各自做各自的案件；快到年底的时候，只剩下一个实习律师和我们坚持到底的执行主任，她仍然坚持给这个实习律师讲课。三年后，我们的这个副主任因个人原因去了另一个城市。如今，10年过去，当初那20名律师很多因为各种原因转走，只剩下

5个人。其中，留下的一个是武汉大学的法律硕士，一个是西南政法的法律硕士——本科都不是学法律的。而出走的律师本科都是学法律的，他们或有更好的去处，或因为别的原因。铁打的营盘流水的兵，我经常形容律师队伍，律师的去去留留，对于选择自由职业的人来说，本来是正常的，但是，这次组团的失败，却令我无比失落。

对于组团做专业化的失败，后来我们总结了原因。没有实践的团队永远不是一个好的团队，而实践的根源则在于案源。没有案源，所有的专业化都是空话和套话。这看起来没有矛盾，但是做起来却很难。关键问题在于，案源从哪里来？这对一些北上广的律所来说不是太大的难题，而对于各省市的地方律所，则成了问题。在传统上，地方所的律师大多是“万金油”式的，即什么案件看起来都会。因此，每一个律师都认为自己做什么案件都专业，尤其是对那些久经诉讼沙场的老律师来说。在地方律师事务所，很少有律师会将案源贡献给其他律师去做——这是地方律所做不成专业化的根源之一。

正是因为这样，地方的律师事务所陷入了一个怪圈。在20年前，律所都是提成制的。在律所和律师的利益分享体系里，律师事务所甚至比律师得到的还要多。最初，一些曾经的国办所，律所会拿走70%，而律师则是30%。之后，国家放开允许律师合伙办所了，这种提成制逐渐演变，之前律所的70%逐渐降到30%，甚至降到20%，再降到10%，而这个10%则还要负担办公费等各种费用，到最后，有的律所干脆直接收取管理费用，就是律师挂靠到律所，一年交多少钱就可以了。这是恶性竞争的结果，此时，在每一个律师的固定意识里，谁的案源谁来办案，这已经成了一个定式。因此当律所做专业化的时候，就产生了问题：案源从哪里来？之所以强调案源从哪里来，是因为案源在律师手中，尤其是老律师手中，而不是在律所手中。而老律师呢，则什么案件都会做，甚至他自信地认为无论做什么案件都比那些专业律师做得好。

20世纪末，专业化还是有了突破。这种突破首先在非诉讼业务上。比如帮助企业进行上市，这个业务是刚需业务。但这类业务对于北上广的律师（所）来说更有优势，业务数量也非常少，一年一省上市的企业也只有几个。因此，上市业务还是由北上广的一些律师（所）接了，一些地方律师（所）也试图做这些业务，比如鼓励律师们考取证券从业资格证，但是至今大约20年过去了，那些考取资格的律师可能只是空拿了个资格证——没有案源，没有实践。因此，我戏称，上市法律业务是北上广律所的专业化，不是地方律所的专业化。

这听起来非常矛盾，但现实如此——市场高于一切。我经常告诉地方律所的同行们，别对那些“高大上”的专业抱希望，因为拿不到案源等于空谈。因此，对我所在的团队，我始终不反对律师考取证券资格证，但是并不将上市法律业务作为主要业务。这些有证券资格证的律师，可给本地的上市企业提供顾问服务，但不建议律所去参与上市法律业务。即使20年后的今天，我也谨慎地将公司涉及上市的业务定义为“上市培育”，即一个企业上市前的孵化方向，以及上市后持续的公司治理和顾问业务，这是地方律所的蛋糕之一，这也就是市场所在。当然，现在一些地方的大所也开始和北上广深的律所分享上市推荐的蛋糕。而我们律所基于知识产权业务的强大，则将为科技型、轻资产企业上市培育作为核心业务。

律所的诉讼专业化的推动，或许起源于一个非常小的细分市场，如保险公司的交通事故应诉的诉讼业务。对于这些小额诉讼业务，北上广的律所如果到各地做，成本是不划算的，因此即使他们承接了这类业务的单子，也更希望和地方律师事务所分享。北上广的一些律所，看到了在全国各地开办分所的契机，因此开始着手在全国各地开办分支机构；另一些传统的、比较“贵族”的律所则认为这种模式不是他们需要的。但实践证明这是个契机，基于保险公司、银行的集群化业务，后来确实培育出来几个全国性的大所。市场在哪里，哪里就有未来；谁是那个看透未来的，或许他就最先抓住契机，从而获得成功。

但在根本上，律所的专业化还应起步于律所内。很早的时候，我就和北上广的一些律所主任交流，形成一个共识：假定一个不到百人的律所（这个规模即使在美国也已经足够大了），如果从其律师中挑出来任何一个人都是专业的，那么这个律所的任何一个律师是不需要专门到别的地方寻找案源的。因为在这个80—100人的律所内部，就已经形成了一个案源市场平台。比如，律所中只有1—2个做股权架构设计的律师，那么其他律师就能将这类案件通过律所交给专业律师，大家有足够的信心认为这两个专业律师能够做好专业的案件，至少他们比一个知识产权律师更擅长股权。引入法商理念，就是任何一个律师都是另一个律师的“法商”。如此，专业化自然而成。但是，这个专业化的前提，是大家愿意将案件交出来共享，从而建立起一个完善的案源共享体系。

这种专业化，在大城市做起来相对容易，但想在地方律所培育起来，却难上加难。对于地方律所而言，做专业化，需要律所的大部分的律师有胸怀，能放下，能舍得，需要团队意识。即律所的律师，尤其是老律师，能够真正地起到引领作用，能够按照做团队的思路坚定不移地走下去；每一个律师都有未来的眼光，都能够看到专业化涉及每一个人的利益，使每个个体能分享蛋糕的总和都大于个人的1，而不是小于1。将所有的业务都大包大揽自己做，做不精也收不成费用；而只做一个方向的业务，收入高且业务精。我经常告诉我的伙伴们，地方所谁能率先走向专业化，谁就能够一直走到前面，否则那些“万金油”律师多的律所，即使是大所，也早晚会被淘汰。不改变就出局，这是规律。

5 律师到底“卖”的是什么（一）：律师提供的为什么是服务

律师，到底“卖”的是什么？我给的答案是服务（服务产品），即法律服务产品。对服务业而言，律师“卖”的无非是以法律为商品的服务产品。但是对这个答案，争议得比较厉害。

服务，在经济学领域就是一种产品，即服务产品。在惯例上，西方国家将服务业定义为第三产业。社会越发展，服务业即第三产业占比国民经济生产总值（GDP）的比值就越高。比如美国，截至2018年，美国服务业占美国的GDP的比值已经高达80.6%，而工业则不超过20%。有人说，仅法律服务业产值，就占美国GDP的6%。我没有见到这个数据真实的来源，但是我知道，法律服务作为一个商品，在美国服务业中确实举足轻重。

遗憾的是，在我们的大学本科法律课程甚至研究生课程中，没有专门的律师课程，更没有教科书将“法律服务”当作产品来研究和推广——因为没有人愿意将法律作为一个产品来理解。一些人固执地认为法律是高高在上的神圣公器，法律怎么是产品呢？怎么能够让“法律”堕落到神圣的国家公器之下成为铜臭的商品呢？

律师既然是一种服务型职业，法律服务为什么不是一种产品呢？只不过这种产品叫服务产品，是以提供法律知识（包括技能）为核心的。

律师这个职业在逻辑上有两个属性：一个是其在职业法律人这个逻辑圈里，与法官、检察官等都属于职业法律人的范畴；另一个是其在社会服务者这个逻辑圈里，与会计师、专利代理人等都属于给社会提供服务的人。前者，律师作为参与国家机器运营的一部分，具有法律属性，甚至具有国家属性；后者，律师则是社会服务的一部分，具有市场属性。

职业法律人，是指以律师、法官、检察官、公证员为代表的，经法律专业训练掌握法律知识和技能，信仰法治恪守法律职业伦理的职业共同体成员。广义的法律人，还包括立法执法人员。大学的法学老师，其实也应属于法律人。

严格来说，法律职业人，其实也是给国家和社会提供服务的服务者。虽然政府服务意识在我国逐渐增强，但从自上而下的管理意识（官本位意识）到自下而上的服务意识的转变，将有相当长的路程。

中国人的思想是与时俱进的。自党的十八大以来，中国共产党提出了创建服务型政府和法治政府的号召。前者，是要求中国的政府体制从治理型政府向服务型政府转变，即要求所有的公务员不再以官本位的、高高在上的治理思维“治理”国家和人民，而要有“服务意识”，真正做到为人民服务，成为人民的服务者。此时，从体制内已经走出来的律师更应率先成为服务者，通过律师这个行业为社会提供法律服务，从而推动服务型政府的建设。我甚至认为，这就是当代律师的使命和机遇，律师在服务型政府的建设中必将起到极强的推动作用，而国家创建法治政府则更是律师的机遇。在法治政府的创建过程中，律师将是至关重要的一个环节。

令人欣喜的是，整个律师行业的服务属性越来越被人接受了。律师的这种服务属性与法官、检察官相比，在于律师仅为特定的被服务者提供服务，而不再强调仅“为国家和社会服务”的属性。这就意味着，在法律规定的框架内，只要不提供法律禁止的服务，律师的服务都是被允许的，这种“不禁止”的服务提供过程即意味着“为国家服务”。这已经是大家的共识。

作为公属性的律师这个职业而言，律师的服务更体现在权利守护的领域，即律师在法律职业人这个范畴内，其作用在于通过各方委托的代理人（辩护人）的方式，维护自己当事人一方的权益或利益，利用这种博弈实现社会公平，使每一个人获得公平、正义或实现自己的价值。正因如此，在欧美国家，法律不反对律师通过在诉讼中与辩方（对方）在法律框架内的对抗，以及在商业交易中与对方的律师博弈，来达到社会的公平、秩序的稳定和市场的推动。这就是社会进步的一种体现。

国际惯例通常把诉讼或者合约签订过程中的律师界定为一方权益或利益的守护者，通过这种界定，鼓励人们在遇到麻烦或需要帮助时去找律师，而不是找政府。我曾经参加过一个美国小学的课程，在开学之初，这个学校的老师教给孩子的经验是，有问题找律师，而不是有问题找父母。老师们课后告诉我，在美国，将专业的问题交给专业的人来做是一个常识。而中国的常识则是，有问题找父母，或者求助政府。而在中国，20年前，在当事人甚至在我们律师自己的理念里，还将律师当作体制内的人，或者是体制内的权力的斡旋者——关系人。

但是现在，随着中国经济的发展，以及法治化的进程，笔者欣喜地看到，先找律师的当事人越来越多了，而大部分的律师也已经习惯专注于为当事人提供更专业的法律服务，而不是充当斡旋者的角色。

其实，无论法学老师、律师、公证员，还是公检法的法律职业者，我认为，从政府服务的视角看，都是为社会提供法律服务产品的人。比如，法学老师教授法律知识，公证员给社会提供公共领域法律服务，法官、检察官从事司法工作，而律师则为一方当事人提供法律服务产品，只是服务的对象不同而已。法学老师服务于学生；检察官和法官首先服务的是国家，其次是将公平给予每一个人；而律师则服务于他的当事人。注意，这里我没有用“商品”二字，而用了“产品”二字，即我认为，在国家服务这个层次而言，法律服务这个产品更在于公益性，而不在于利益性。

律师在职业人中间，似乎是个特例，既具有一定的公共服务属性，又具有市场属性。或者说，既具有公益性，又具有利益性。虽然很多律师将这个职业诠释为“高大上”，但律师这个职业具有不可忽视的私属性和“商品”服务性。过多地将律师向国家正义靠拢，可能会导致律师的未来之路越走越窄。

就私属性而言，律师和会计师、专利代理人等职业没有区别。尤其是律师在非诉讼领域，更是如此，其仅是一般社会服务的提供者，没有任何公属性。在一些非诉讼的场合，如在某些谈判或一些聚会的场合中，我经常遇到一些年轻的律师，很神气、很自信，但是也很难平易近人，好像自己就是整个场合里的王者。对此，我不是很理解，当我们从法庭里走出来，无非一个服务者，主角永远是自己服务的客户，而自己永远不要当主角。最好的律师，应该是坐在客户影子里的那个人——把困难留给自己，帮助客户摆脱麻烦和实现价值，将荣耀留给他们。也许，这样的律师将走得更远。

6　律师到底“卖”的是什么（二）：律师的服务原则

只有当我们对律师这个行业进行精准定位的时候，才能形成自己的职业习惯。在刑事、民事或行政诉讼的过程中，律师作为为客户提供服务的法律职业者，仅仅是给一方当事人提供服务的人。所有的法律人，以及社会公众，对法律和法官的判决尊重和遵守的程度，体现出一个社会的法治程度，甚至能够折射出一个社会的文明程度。

在律师实践中，无论是诉讼还是非诉讼，保持律师的独立精神很重要。在国际惯例上，律师之所以不被归类于公务员或企业的原因之一，就是通过这种模式，试图保持律师的独立精神，以律师的独立、聪明和合乎逻辑的法律能力推动社会进步。但遗憾的是，一些律师，尤其是年轻律师，会陷入某种依附或盲目状态，因此，基于律师的独立性，并梳理出律师执业的基本原则，非常重要。

我给律师从事法律服务设定了三个基本原则。这三个原则至少是我带领的律师团队的基本原则。第一是坚守法律底线原则，第二是客户利益至上原则。在这两个原则之外，非诉讼还有一个市场原则，这是第三原则。这三个原则不是并列的，而是有先后次序的，后面一个原则总是以前面两个原则为前提。

律师服务的第一原则是坚守法律底线。律师提供的服务应当有基本的法律底线，这种底线即“不得触碰法律的禁止性行为”。不违法即合法，可以适用于律师的任何工作领域。在刑事领域和行政领域，这个和检察官及法官不同。法官和检察官必须在法律的明确规定之内做事情。如在刑事案件中，检察官和法官必须有明确的规定才能指控或确认某人犯罪。在诉讼中，无论民事或刑事，虽然法律给予了法官一定自由裁量幅度，但是，这些裁量都被限定在了一定范围。因此，检察官和法官是在法律法规之内工作。而律师只要不做法律和法规的禁止性行为，即可以认为是合法的工作。

第二原则是客户利益至上。这个原则是在不违反上述第一原则的基础上，律师应将当事人的利益放在第一位，即在坚持第一原则的基础上，律师应坚持客户利益至上原则。这是律师服务的基本精神所在，也是律师的基本职业道德。比如，基于这个原则，律师的职业道德之一是，除法律规定的情形外，律师不能以自己知道但侦查机关、公诉机关不知道的、可能存在的嫌疑人的犯罪事实，去揭发或检举嫌疑人。这可以作为“客户利益至上原则”的引申。

法律的智慧性、乐趣性乃至于最后的公平性或在于此。法律其实是一种假定的公平博弈，无论是刑事诉讼的控辩双方，还是民事案件的诉讼各方，在法庭上都表现为一种“各为其主”的状态。因此，在不违反第一原则的基础上，律师必须被禁止对客户利益的背叛，律师内心深处，也必须坚守客户利益至上的原则。只有这样，才能充分地维护法律的正义。

第一原则和第二原则，看似矛盾其实无限和谐。我一直希望不仅仅律师要始终坚守，也要使社会公众认知认同，比如律师对客户评价。这就是律师对当事人的评价问题，即在评价当事人是否违反了法律或约定，这种违法行为，是否得到了不公平的处罚或待遇上，律师禁止以道德的、犯罪的、应该的等非法律思维去评价当事人。律师要置身于道德评价之外。道德评价，是社会舆论的事情。如此对律师执业原则进行设定，是因为律师首先是法律人，其职业就是通过法律维护当事人权利，而不是对当事人的道德评头论足。如果一个律师强调当事人是如何没有道德的，那么，当一个刑事案件的嫌疑人家属聘请律师为嫌疑人辩护的时候，难道律师先检验这个嫌疑人道德与否，然后再去决定是否维护这个嫌疑人的权利吗？显然不是。

对于当事人，律师内心的假定应是：首先，任何人不是完美无缺的；其次，这个不是完美无缺的人触犯了法律，或许是不可避免的，但他仅应在触犯的法律之内承担对应的责任；最后，对于这个责任的追究，不是律师的事情，而是司法机关的事情。在一个有律师参与的刑事指控中，律师的职责就是为嫌疑人寻找无罪或罪轻的理由，而不是指出嫌疑人应该有罪或承担更重的罪。

但是矛盾也在于此，假定律师坚守了这种职业道德，则可能游离在道德之外，甚至被社会给予恶评。在客户那里，律师是天使；而在社会相当多的人的认知和评价中，律师则扮演着帮凶的角色。因此，律师内心深处渴望社会对律师坚守的原则有一个客观公正的认知。

作为一个从业20多年的律师，我见过了太多人这样评价律师，某某律师是一个“坏律师”“丧尽天良的律师”等。一方面，看到这些对律师们的报道或评价，我总有一股悲凉感；另一方面，面对此种尴尬，我又有一种成就感。因为当别人评价“我”作为一个律师的“好”或“坏”的时候，证明社会已经在逐渐认知律师——虽然不是那么全面，但至少我的当事人认同我。

金无足赤，人无完人。作为人的律师肯定有这样或那样的缺点，在办理案件中，也肯定会有这样或那样的缺陷。但是，只要一个律师能够坚持上述两个原则和底线，那么，这个律师就是“好律师”。这种“好律师”的评价不应受到社会舆论的影响。至少作为同行或同事，我都会对有这种坚持和底线的好律师表示足够的敬意和包容。至于社会如何评价，那确实不是我们这些律师能左右的。因此，当我们律师因为职业理念的坚守而遭到非议的时候，我这里引用一个伟人的话给同行们一个共勉：走我们自己的路，让别人去说吧——律师的行为，只要不违法，只要坚守法律的底线就是对的；一个律师，只要在坚持法律的底线忠诚而努力地用自己的专业知识维护当事人的利益，就是好律师。

坚持客户利益至上的原则，说起来容易做起来难。我的感受就是如此，虽然我坚定不移地将律师所在的职业当作服务业，但是这个服务过程永远不像生产一个产品那样直接，实际上，我们律师为了客户付出太多。这种付出很多时候来自当事人（或家属）的非议或不满。这是非常正常的，我经常这样宽慰我的律师们，尤其给那些年轻的律师灌输这个思想。当案件在嫌疑人（或当事人、或家属、或朋友）意识中被理解为败诉的时候，所有的冤屈都可能会倾泻到律师头上，认为这是律师的错。这个评价可能在案件诉讼一开就出现，即案件还没有结果就出现了。开庭之后则评价更甚，有些人就会质疑这个律师怎么不会说话呀，没有口若悬河呀。他们不理解的是，有时候最好的律师是说话不多的律师，而且并不是所有的法官都希望律师在庭审上喋喋不休，反复纠缠。

同样地，我早已对社会用“坏”“黑暗”或别的词语形容律师的做法免疫。律师职业，在传统上（除了平台型的律师）就是为一方当事人服务的，有什么好坏之分呢？对于这一方来说律师是天使；对于相对方，如果将律师当作“恶魔”，那这只能说明对方对律师的理解是浅陋的。此时，假定在一个双方的博弈中，一方有律师，另一方会仅仅因为将律师理解为“恶魔”就拒绝律师吗？我相信，不会的。

我始终相信，律师在社会上的地位如何，可以侧面反映这个社会的法治化程度。而在今天，律师的地位确实提高了。虽然还有很多人在质疑律师，但是实际上很多人已经离不开律师了。

第三个原则是“市场原则”，即律师（所）在坚持上述两个原则的基础上，应围绕法律服务这个产品的市场发展自己，并因此服务社会，满足社会需求。

对于律师是否应服从于“市场原则”，争议颇多。有人认为，“市场原则”并不太适合诉讼业务，因为诉讼业务更兼具国家性、公益性，过多地将“市场原则”引入诉讼业务，会使律师过度追求利益，而忘记了对底线的坚守；有人则既赞成又有所保留，认为“市场原则”应控制在非诉讼之内。但我认为，有这些想法的人，还是对律师的了解不够。假定律所或律师能坚守第一原则和第二原则，即使将诉讼当作一种法律产品，又如何呢？也许，这样会使诉讼业务更专业、市场更细分。比如，我们可以根据市场需求，将保险诉讼作为一个专业市场，可以将涉及执行的法律业务作为一个专业市场等。

应该鼓励律师以市场的眼光看待法律服务市场。只有当律师明白，律师是做什么、“卖”什么的时候，并明白律师不仅仅是法律职业人的时候，律师才能将目光转向市场，将法律服务作为一个产品来运营，而寻求法律服务市场更大的蛋糕。而当律师仅仅将自己当作一个法律职业人，并试图和法官、检察官“比肩”的时候，那律师们将为一棵树而失去整片森林。律师，并不仅仅代理诉讼，诉讼不是律师业务的全部，仅仅是律师服务业的一片叶子。实际上，社会中，有更多的地方需要律师。而即使诉讼，也需要市场细分，也需要专业化。专业化，就要市场化。

因此，我赞同在律所和律师们能够坚守第一原则和第二原则的同时，应将是否服从“市场原则”交给律所和律师们，让他们自己选择。或者说，“市场原则”不是一种禁止，而是律师们的一种自由选择。如此，中国律师业或许将百花齐放。

“市场原则”，引申而来，就是要求律所和律师将每一个案件当作一个法律服务产品来做，直白地说，就是当作一个提供服务的“买卖”来做。买卖的标的物就是法律服务产品，而这种服务产品是否得到社会认同，则依靠客户的感知和社会的评价。假定一个律所或律师将法律服务当作一个用来供应社会的产品，那么，产品的生产体系、产品的营销体系、提供服务的流程体系、服务体系、质量监管体系、客户评价体系等，就要建立健全起来。

如果一个律所或律师按照我设定的三个原则设定系列的产品体系，如此，将客观上促进律师的标准化服务进程，促进中国法律服务进军并适应国际法律服务市场。就此而言，从客户需求出发的“市场原则”，是具有无限正能量的。

7 律师到底“卖”的是什么（三）：法律服务基于“规则”

假定我们将法律服务当作一个产品来看，并去运营，那么，在这个产品里，律师到底“卖”的是什么？或者说，提供的是什么？假如用一个更精准和恰当的词语概括，就是规则。这里我没有用“法”来界定服务的内容，因为作为法律服务产品，实际上，“法”这个词已经远不能满足社会的需求，而规则，则具有更宽泛的意义。

规则，对于社会秩序而言，我们可称为习惯、法律、法规、规章等，也可以统称为制度；对于科学而言，我们可以称规则为公理、定律等；对于经济而言，我们可以称规则为经济规律、路径等；对于一个公司内部而言，我们可以将规则分别称为章程、制度等。在这些法则、公理、定律、路径、法律、制度之外，合约当然也被统称为规则——人与人共设的规则，即所谓合约，无非谈判双方就某事项达成的行动共识并遵守的合意，无非各方共同设定的基于实现某个目的的“游戏”规则。因此，合约的基本框架即规则，是参与博弈的各方设定的规则。

关于上述规则之概念，我们可以进行限缩，将那些基于客观的规则，如经济规则、逻辑规则等，交给科学家们去探索。对于自然之规则，凡是法律不禁止的，仍是律师遵循的路径。这是自然法属性的规则。因此，法律工作者，是在国家设定的或不禁止的规则框架内，代表自然人、机构和国家等主体，参与基于生活和生产、交往和交易的相关规则事务的人，这种参与，包括但不限于设定、执行、裁定、监督规则事务。

法律工作者不仅指律师，而且包括立法者、警察、其他行政执法人员、检察官、法官等，甚至包括会计师（经济规则），这些人都是为社会提供规则服务的人，他们全部的工作都可以概括为设定规则和执行规则，或参与其他规则事务。律师、会计师等社会工作者和国家公职法律人的不同之处在于，律师和会计师等可在法律不禁止的规则框架内为当事人服务。人类社会之所以是秩序社会，无论是社会秩序还是经济秩序，乃因为有人类自我设定的规则存在，假如没有规则，人类则将堕入莽荒的丛林而陷入丛林法则之中。因此，规则是文明社会每一个人必需的消费品，概莫能外。也因此，地球上的人类被区分为设立规则的人——立法者（legislator）、执行规则的人——执法者（theregents）、打破规则的人（rule breaker）、遵守规则的人（law-abiding person）。立法者、执法者是应当的守法者，但有时候，这些人也可能是打破规则的人——成为规则的破坏者。

在诉讼业务中，立法者和裁决者是规则运营中的王者。诉讼中，律师是一方的参与者。此时，律师既不具有规则设定的义务，也不具有裁决的职责，而仅是一方当事人的委托人或辩护人。在刑事辩护中，律师是给可能的“规则破坏者”提供法律帮助的人。我们无法判断谁是规则破坏者，而且社会和道德可能会从不同的方面去评价律师这个参与者，因此，在传统法律领域，律师在提供法律服务的时候，天然地，要么被认为是天使，要么被认为是恶魔。

诉讼律师，我们可称之为权利的维护者，顾问律师的主要职责，也是维护权利。但是，这种权利的维护提前了。比如一个企业的法律顾问，其核心业务不是给企业打官司，而是给企业提前设定规则——章程、制度、合约等，以防范风险，预防诉讼。不但如此，还要能够推动企业的正能量发展，不能因为规则的设定，导致企业管理成本、交易成本过大，制度设定要围绕价值推动为核心。

基于某个法律项目，为客户提供系统的法律服务的，我称为专项律师，在本书中偶尔也用系统律师表述。在律师们的法律服务实践中，则经常被称为专业律师，但实际上，专业律师和专项律师是不同的概念。

诉讼律师和顾问律师，核心还在于权利的维护，通过规则的设定或运用维护目标客户的权利。专项律师则更侧重于价值的推动。专项律师，就是通过风险的评估、客户的核心价值判断、流程节点分析等，在不违反法律法规的基础上，为目标客户设定规则或某个法律流程，参与或监督规则或某个法律流程的运营和执行。

在专项法律服务中，律师几近为规则服务的王者。在本书下面的篇章我将提到平台律师，平台律师应当也是规则服务过程的王者。如此，律师从诉讼到顾问，从专项律师再到平台律师，完成了在规则服务过程中的华丽转身。

跨出半步，律师的世界将更精彩。当我们将法律服务产品的基础内容设定为“规则”，而不是法律法规的时候，对于律师而言，世界顿时放大了。当然，会计师则是在经济领域规则设定和执行的王者，但是在经济规则设定和执行的时候，律师则总是参与其中；有时候制度经济学家也会为大的企业提出制度建议，但最终设定制度的还是律师。

就此，我们可以给律师这个法律服务业下一个宽泛的定义：律师，就是代理诉讼，或者以设定、执行、监督、管理某个（些）规则的方式提供服务，或是参与服务提供建议的人。律师通过提供这些服务，使一方或多方的利益得以守护，使其价值得以推动。

当我们扩大了律师的法律服务概念之后，就会发现律师的服务领域扩大了。我们可以将法律服务产品分为：基于诉讼的服务；基于顾问的服务；基于某个（类）系统规则的设定、执行、监督或管理的服务，或者参与这个服务进程；基于某个（类）平台领域的服务。系统规则服务，就是专项服务。关于专项服务和平台服务，我将在后面的章节里详述。

8 律师到底“卖”的是什么（四）：从权利守护到价值推动

当将法律服务的内容扩大到“规则”这个层次之后，律师不仅能够为特定的一方提供法律服务，也能够为多方提供某种专项或平台的法律服务。在本书中，我将这种服务分为“权利维护”和“价值推动”两个类型。即律师在不同的法律服务中，将分别或同时担任权利守护者和价值推动者两个角色。

对于权利守护的概念，我们从字面意思就可以理解，这也是律师最原始的法律服务。比如诉讼、法律顾问，都是基于维护委托人的权益而提供的法律服务项目。对于这类服务，在本节不再赘述。对于价值的推动，则是本书试图阐述的核心所在，将反复而不遗余力地探讨、分析和讲解。

规则设定的终极意义是什么？是维护权利吗？当然我并不反对这一层意义。但是在权利维护的同时，还有另一层意义，即实现价值，这才是规则设定的终极意义，也应当是律师服务的终极目标之一。这里讲的实现价值，我们还可以更深入地理解。第一层含义是社会学意义的社会价值或道德价值。第二层含义是经济学意义的价值。第三层含义是直接的经济价值——利益实现，律师通过对当事人涉及规则的法律事务的参与，能直接或间接提升当事人的利益。

规则在国家层面上，我们可以理解为法律或制度。一个好的法律或制度，是经济发展的推动者，反之则将阻碍社会的发展。就一国或一个区域而言，该国或区域内的制度是否健全和完善？执行是否到位？对经济的发展是具有作用力还是反作用力？这个理论，西方称为制度经济学理论。

什么是制度经济学？制度指人际交往中的规则及社会组织的结构和机制。制度经济学则是把“制度”作为研究对象的一门经济学分支，它研究制度对经济行为和经济发展的影响，以及经济发展如何影响制度的演变，所以又叫法律经济学。制度经济学是最近几十年兴起的一门学科，美国的科斯等多名制度经济学家因制度经济学研究而获得了诺贝尔奖。张五常先生是中国著名的制度经济学家，他和科斯是好朋友。科斯是研究制度经济学中的交易成本和产权理论的，而张五常则是研究合约理论的。用产权理论解释经济发展，我们可以看到一些发展中国家贫困的根源：制度贫困，如没有产权制度，或者产权不明晰等。产权经济学认为，因为制度困境，产品无法进入交易市场，那么这些产品就是没有交换价值的，只有使用价值。因此，即使一些人拥有这种产品，但是仍然可能处于贫困中。

我始终认为，如果想做好一个非诉讼的律师，不懂得制度经济学，是十分遗憾的。比如在微观上，合约中的交易成本理论，制度中的制度成本问题，如果明白这些理论，我们将能更轻松地给客户设计出适合的公司制度和合约模式。反之，不懂得制度成本理论，过度地设计制度，或设计的制度导致管理成本增加，则会给公司带来制度危机。

制度是什么，是规则；模式是什么，是由系列规则连接成的运营体系；公司章程或合约是什么，无非双方或多方约定的行动或利益处分规则。在具体的公司运营上，制度对经济的正反推动的案例也比比皆是。除了公司制度体系，还有公司的商业模式，比如连锁模式，其实连锁无非系列规则和合约的组合。总之，一个好的制度、模式，对国家和企业是具有正向推动作用的，这就是价值推动的作用。反之，一个坏的制度，或制度执行混乱，则可能成为秩序崩溃的根源。

制度不仅具有正反馈作用，而且具有反作用力。比如一个只有夫妻两人的夫妻店，由律师帮助他们设定制度，如果设计为像跨国公司一样的制度，那么这种设计的效益可能等于零。适宜的设计是，对于夫妻店我们仅仅给他们设定三条制度即可，所谓约法三章：第一，任何员工都可以在成本之内自由决定销售价格；第二，对熟客要保证价格低于陌生客户；第三，对于所有客户都要有足够的礼貌和尊重，并始终让他们感到员工的诚信。这就是价值推动的意义所在。

在实践中，律师做基于价值推动的法律服务，比做诉讼的法律服务，更能够获得客户的价值认同。比如，一个诉讼律师代理一个借款案件，顺利地将借款追讨回来了，试问其中律师的价值何在？委托人说，我本来就有这么多钱，你律师给我要过来是正常的，要不回来则是律师没有价值。而现实和常识是，中国企业的借款官司胜诉容易，但执行难，在诉讼中，律师不能解决一切问题，但最终却要承担当事人“败诉”的所有责难。而另一个非诉讼的律师，则通过对公司股权结构的设计，给公司打通融资“瓶颈”，并提供融资法律服务，此时，若为企业获得了某基金公司的投资，企业的老板则非常爽快地支付了高额的律师费用；若融资没有成功，这个老板反过来还可能安慰律师：嗯，还有下次机会。老板们总想将别人的钱装进自己的口袋里，因此在内心深处，老板们也把“将别人的钱装进自己的口袋里”的这个法律服务过程，称为“价值”实现的过程。

9　综述：律师业会消失吗

律师业会随着时代消失吗？实际上，在互联网和人工智能的双重冲击下，有很多职业、行业正逐渐消失。在我参加的关于律师业发展论坛中，尤其是在那些推销法律智能软件的公司举办的论坛上，我经常听到这些危言耸听的声音，他们甚至大声地告诉我们律师，律师业是一个即将消失的职业！真的如此吗？相反，我认为律师是一个最有前途的职业，而此处关键之一，是我们律师的领头羊们将律师业向哪个方向引领。

本书最初是一个简单的名字，就叫《平台律师》，编辑慧眼独具，建议将平台律师作为一个前缀，改名为《平台律师：大技术时代律师和律所的跨界融合之路》，如此，这本书立即就有了大时代的紧迫感。

在未来，人类最基础的生产模式就是“智力创造+智能制造+平台”。这里的智力创造，包括文化生产和技术创造。在智力创造这个生产环节中，未来的专利律师将获得一份工作，他们是权利的设计者、知识产权的守护者，成为技术这种商品的价值推动者。在智能制造这个环节中，律师当然找不到就业的岗位，因为在这个岗位上到处是机器人在工作，律师自然也没有存在的价值。最后一个环节则是平台。在平台这个生产环节中，将是未来律师的主战场之一，在这里，律师分别担任权利守护和价值推动的角色。在平台环节从事工作的律师，我称为平台律师。这是超越现在的诉讼律师和顾问律师的一个新的工作岗位。当然，传统的诉讼量，因为生产模式的变迁会相对减少。

因此，回到律师业的发展问题上。律师业现在面临困境是毋庸置疑的，但说律师业将消失则有些危言耸听。我认为，律师业务不但不会消失，反而将更加发达。但与此同时，有些法律服务确实会减少或变化。

第一个变化，来自那些适用判例裁决案件的国家的律师，比如美国。现在它们的律师事务所面临艰难的抉择。在美国，一般一个诉讼律师需要有几个助理，其中助理的核心任务之一是检索判例，而现在互联网、大数据和人工智能联手将传统的律师检索等工作替代了，这些律所要大量裁减助理人员。这种变化，对中国律师，则是正面影响。中国律师的助理没有那么多，大数据检索反而给中国律师带来更大的便利，甚至有些不熟悉大数据的律所，开始雇用专门的人员进行大数据检索和数据管理。

第二个变化，来自基于销售合同的诉讼量逐渐减少。在未来，90%以上的销售都将在虚拟网络上完成，而虚拟技术的不断升级，尤其是区块链技术的推动，将使网络销售平台逐渐变得安全、公平和可溯源。这个结果，就如超市、批发市场逐渐退市一样，纸质的、书面的合约将被平台经济的电子合约替代。

第三个变化，是平台律师的诞生。在律师这个行业的逐渐发展中，尤其在中国这个还没有完全市场化发展的国家里，要想打通市场“瓶颈”，律师通过平台搭建化解市场风险很重要。网络化和人工智能化时代的到来，给律师从事平台型法律服务提供了可能。因此，将有更多的律师（所）开始参与平台这个方向的新的法律市场，比如成为某个平台的规则设计者、维护者、参与者和监督者等。平台律师的诞生，能使法律服务业向更高层次跃迁。

第四个变化，传统的知识产权律师将转型，在大时代的生产中，将向为智力创造商提供直接服务的方向迈进。在传统的知识产权律师基础上，知识产权律师将细分为专利分析师、专利运营师、专利代理人、专利诉讼律师、版权律师等数十个专业方向，我们可以统称为知识产权律师。在德国，现在称为专利律师。知识产权律师，在大技术时代将迎来一个辉煌的时代。为什么这么说？因为未来人类核心的生产将围绕技术创造和文化创造进行。前者，将使我们的专利律师大显身手；后者，将使我们的版权律师大显身手。离开知识产权律师，未来的创造活动就缺少了基本保障，就缺少了价值推动的助手。正是基于此，我的团队在10年前就开始布局知识产权业务，到现在，我们的律所虽然执业律师加上法律辅助人员不到400人，但仅从事知识产权业务的人员就达到80多人。

最后，律师思维的转变，将决定着律师业的发展。在本章中，我之所以一直强调专业化，一直强调从诉讼的维权思维向市场的价值推动思维转变，是因为大时代已经到来。大浪淘沙，我们律师自己不转变，就意味着出局。这种转变，包括思维的转变、业务方向的转变、市场的转变、律师职业方向的转变，也包括和其他职业如会计师等的跨界融合。若如此，律师不但不会消失，而且将成为未来更主流的职业之一。

第二章

职业重构：从诉讼律师到平台律师

基于律师（所）在未来的发展，在本章中，从诉讼律师到平台律师，我试图对律师职业进行重构。在重构过程中，或会引起同行们的争议，但是在我看来，律师事业若想获得发展，对律师职业进行重构是必要的也是必然的。否则，中国的法律服务市场，不但适应不了一个即将崛起的大国的需要，中国律师也无法和欧美国家的律师代表各自的利益方进行智慧博弈，更无法满足未来发展的需要。在大技术时代的背景下，只有对律师职业进行重构，中国律师业才能获得更广泛的发展空间，并借以推动中国经济的发展。

1　诉讼律师

中国的法律服务市场，起步于诉讼，我们也可以说这是律师的传统业务。在传统上，我们可以将法律业务划分为诉讼、顾问和非诉讼业务。按照对律师的传统划分，律师先是划分为诉讼律师、顾问律师，之后有了诉讼律师和非诉讼律师之分。但至今，连我自己也不太明晰，比如顾问律师到底是诉讼律师还是非诉讼律师呢？顾问业务独立于诉讼和非诉讼业务之外吗？实际上，现在大部分的顾问律师，既帮助企业起草合同、制定制度，也帮助企业进行诉讼。我认为这种“顾问律师”非常不专业。

先说律师的诉讼业务。这是中国律师的传统业务。最初，中国律师还没有诉讼和非诉讼的概念和区分，绝大部分律师开始执业的时候都是做诉讼的。以至于现在执业20年以上的一部分老律师，从骨子里认为，诉讼是一切法律业务的基础，诉讼能力强的去做顾问，顾问能力强的时候去做非诉讼。这条中国律师发展之路，成了现在老律师带徒弟，年轻律师学法律业务的“当然”的路径。对此，我感到无语，甚至感到荒唐，因为这荒废了年轻律师的青春。

我清晰地记得，20世纪90年代初我刚做律师的时候，整个郑州市律师不超过300人，法律专业毕业的几乎没有，而且很多法官也不是专门学法律的。比如其中一些是军队退伍军人，这些人政治素质很高，也很敬业，经过培训后做刑事审判工作。这就是20世纪法律人的状况。

在20世纪末那个诉讼为“王”的法律服务时代，打官司就是讲道理。把事实讲清楚，把道理讲清楚，把法律关系梳理清楚，让当事人心服口服，就是评价一个好法官、好律师的标准。有的老律师则习惯引用法律条文来证明自己的观点，但实际上，这恰恰不是法官喜欢的。比如一个刑事法官，他审理10多年案件，各个条文实际上熟稔于心，这样，律师过多地引用条文有些说教的嫌疑，这是没有必要的。我至今仍然反对律师在庭审中过多地直接引用法律条文来说明自己当事人的是非或有权与否，以及罪与非罪和罪轻罪重。只有一些生僻的法律条文或者司法解释，才予以引用。在文书处理的时候，我经常建议同事们将相关法律条文放在代理词或辩护词之后。

那么，一个好的诉讼律师是什么样子呢？各人有各人的见解。我认为，一个好的诉讼律师，就是按照法律逻辑，根据证据把事实讲清楚，并提出自己的法律意见。我把这个作为我做诉讼案件的守则。基于这个好律师的标准，我把一个诉讼律师的能力分为逻辑分析能力（焦点的总结和证据的梳理）、语言表达能力（语言和文字的归纳整理和表达）、法律适用能力（用可能适用的法律对事实发表看法）、临场应变能力（控场能力和紧急问题处理能力）等。注意，此处的法律适用能力，并不是“教育”法官如何适用法律，而是将可能适用的法律，基于某种逻辑的关联性注入事实的讲述和证据的梳理中去。

诉讼律师，在国外又叫出庭律师（尤其刑事律师），那是传统律师中的王者。比如在英国律师分为两种，其中一种是事务型律师，这类律师是不出庭的；另一种就是诉讼律师，俗称大律师，在香港谐称大状律师（沿自古代中国的状师，即告状打官司的律师）。在香港做诉讼律师具有非常高的挑战性。一方面，在这个战场，能够体现一个律师的综合素质和能力，是精英淘汰营；另一方面，诉讼市场相对于更广阔的法律业务来讲是一个小众市场——这个市场不但对律师能力要求高，而且收入极不稳定。因此，香港大律师公会公布，2006年4月该会会员人数为950人，这些人是大状律师；而事务律师人数则为5600人。或许正因如此，一个出名的大状律师在香港的收入是很高的。

在最近10多年里，中国律师界开始探讨律师的专业化问题，专业化包括诉讼专业化。实际上，这个问题本身就不成立，就律师做诉讼的这个方向而言，在国际惯例上，一直有刑事、民事、商事、劳工律师的区分，一个刑事律师做民事案件，这会被认为不专业。而在中国，20世纪末，一些律师开始专注于细分之后的刑事、民事、商事诉讼法律事务。但是在律所发展的层次上，并没有出现太多以某个诉讼领域为方向的专业律所。

20世纪，多数中国律师事务所是做诉讼，而到了21世纪初，一些北上广的律所开始向非诉讼领域转移。但是北京天同律师事务所反其意而行之，提出了专注于诉讼（争端事务）的解决，“致力于成为中国高端民商事诉讼最佳解决方案提供者”。天同律所是一家与众不同的律师事务所，提出了许多与传统诉讼不同的概念，比如诉讼可视化、诉讼风险评估、诉讼流程化等。有意思的是，天同推出的智能检索和法律软件名字却叫“无讼”。天下无讼，是中国古代先贤的无上情怀。蒋勇带领他的同人以“天下无讼，天下大同”为情怀，是我辈律师之楷模。我内心深处，期望中国律师都是有情怀的，有追求的律师。唯有将律师当作事业、追求，律师才能真正地彰显其正能量，律师的事业才能更宽广！

2014年，北京家理律师事务所成立了，这是北京首家只办理婚姻家事业务的律师事务所，只接受婚姻家事类法律服务。心无旁骛、精益求精，是这家专业化律师事务所的追求。这家律师事务所的团队组合非常有意思，他们的团队由专业律师、心理咨询师、退休的离婚法官，以及专门的经济师等组成。这才是真正的专业化团队，专业分工，各有所长，很快打开局面，并颇有收获。当然，这家律所，不仅涉足婚姻家事的诉讼专业化，还包括婚姻家事的非诉讼。专业的律师事务所不必然专业做诉讼，比如心理咨询师就可以提供心理咨询。但是，专业律师事务所做的诉讼必须是更专业化的诉讼。同样地，一些综合大所也可以有专业的法律部门，或者直接定位为专业的诉讼部门。对此，各个律师事务所可以针对自己不同的情况予以定位。

什么叫诉讼的专业化？我们可以将天同律所的诉讼流程服务+家理律所的专业化团队模式等结合起来，并基于诉讼方向进行梳理和认知，就可以明白什么是诉讼专业化。以婚姻诉讼专业化为例，在横向上，专业化的婚姻诉讼应有可视化平台、模拟法庭、心理咨询、案件风险评估等法律手段或方法；在纵向上，有针对上述手段或方法的对婚姻诉讼或非诉讼的一个个流程节点。律所要对案件实行流程节点管理，从获得案源到案件客户回访，都有专门的人做，而不是一个人在做。这是大专业化的诉讼。

我们豫龙团队，有一个嘉合佳婚姻家事团队，就在尝试做这项工作。在上述大专业化的基础上，他们开始在微观上具体进行分类和流程节点设计。在横向上，他们先从婚姻家事的业务细分开始，将这个方向的诉讼分门别类地细分出60多个诉讼小方向。在纵向上，针对每一个小的诉讼方向按照系统化、模块化进行流程节点设计。比如，基于某一个离婚事由，起诉书如何写、证据如何收集和组织、答辩状如何写、代理词如何写等。2019年，他们完成了这项工作，并形成了100多万的文字，汇集成了管理手册。我要求嘉合佳这个团队的律师，即使是一个实习律师，也不能出现最基础的法律操作失误，并规定了奖惩办法。比如，某类案件的代理词，手册中规定了三个代理要点，少一个，就是操作失误，要惩罚，超过多少次就要劝退。当然，不反对这个律师在三个要点的代理词之外，有自己新的观点，但是这个观点不能和代理词观点矛盾。对于发现新观点的则要奖励，甚至将新观点纳入管理手册。嘉合佳婚姻家事团队相信，通过节点化流程管理，最终能够真正做到诉讼无失误。嘉合佳团队不仅限于诉讼，他们正在开发非诉讼业务。

这里我接着要说的是，我们通过案件管理部门和刑事部整合形成的专注于为刑事业务服务的一个团队，这是一个在诉讼方向更细分的团队。这个团队的带头人雷程律师，毕业于云南大学法学院，曾供职浙江某检察院，做过多年公诉工作，然后加盟我们律所，他先在案管部工作。在案管部，他负责全所刑事案件的管理和考核。为什么不成立一个专门的部门，给律师们提供案件阅卷、会见笔录制作等辅助业务呢？2019年年初，他向我提出这个思考和建议。于是我就鼓励他成立刑事辅庭部门，专注于刑事案件流程节点管理、刑事案件细分、管理和指派刑事实习律师、阅卷和阅卷笔录整理、草拟会见提纲和会见笔录整理、证据目录草拟和证据归类、草拟庭审发问提纲和庭审记录整理、草拟辩护提纲和辩护词整理、草拟上诉提纲和上诉状整理等。雷程召集了五个人的团队给律所的刑事律师提供服务，后来，刑事部的老律师大部分将他们的辅助律师和实习律师都交给了雷程律师管理。团队运营了一年多，得到了律所律师们的认同。通过上述辅庭工作的介入，律所将刑事案件的管理工作也理顺了，当然，重要的是确保了案件质量。为什么不给其他律所也提供这样的服务呢？雷程律师提出了疑虑，因为刑事案件是涉密的，怎么突破这一关呢？那么，为什么不组建一个刑事辩护团模式呢？当当事人有需要的时候，可以共同委托两个律所的律师提供服务，这样通过律师团服务模式是否可以解决这个问题呢？关于这个问题，雷律师的团队正在进一步研发运营模式。我希望他们这个团队能够给更多的律师和当事人提供更优质的服务。

2 顾问型律师（一）：法律顾问≠法务≠诉讼律师

在中国，有一类律师业务是做顾问。现在中国的法律顾问大部分是企业聘请，很少有私人聘请。在我内心的认知里，一个人最好聘请两个私人顾问，一个是医生，另一个是律师，这也许要到经济非常发达的时候才会实现，但我相信会有这么一天。

现在我欣喜地看到，在一些相对发达的城市，正在开始兴起私人顾问的法律服务市场，但是在一些中等城市，离市场化还比较远。一些企业聘请两个律师事务所分别做自己的顾问，已经是很常见的现象。有的企业，比如技术性企业，还要专门聘请知识产权顾问。在省辖市的一些律师事务所里，法律顾问费已经是律所的一项重要收入。

谈到顾问律师，就免不了要谈到法律顾问和公司法务的区别。在中国，客户甚至律师和法务人员自己也对顾问律师和公司法务陷入混同认知，我认为，这是这个行业的大问题。比如，私营企业聘请法务人员，这个法务人员也有律师资格甚至律师执业证，于是私营企业的老板就让这个法务做出庭律师。这个当法务的律师问：我做出庭律师需要单位办理手续，怎么办？老板会回答：这是你的事情，要么你以单位名义做案件，要么你自己解决，总之你就是我请的法务兼律师。无奈，这个律师就以公司员工的名义参与诉讼。2019年，有关部门公布一批律师的处罚清单，其中就有律师以公司员工的名义参与诉讼的，这给那些在公司做法务的律师敲响了警钟。

在有的地方或公司，一旦律师事务所和某个企业签署了法律顾问协议，企业就是一口价，不管诉讼也好，合规审查也好，非诉讼也好，都是律所的一揽子工作。而在很多年前，中国曾经推出了一个法律顾问的制度，并将法律顾问当作一个专业职称来认定，而实际上，这个法律顾问仅仅是公司的雇员，而不是我所理解的顾问，或者干脆说，这就是欧美国家的公司法务，这个制度客观上进一步混淆了公司法务和法律顾问的关系，是一个非常不好的尝试。我戏称，这个“法律顾问”实际上抢夺了律师的饭碗。

我坚持认为，公司法务是决策型或管理型职业，一个法务人员可以不是律师，只要法学院毕业即可，当然也可以是律师。比如在美国，公司法务的最高职位是首席法务官，这个职位很重要，在大型公司首席法务官一般要法学院博士毕业，或者有多年的律师执业经验或法务人员工作经验，还要有实战经历。一个首席法务官的辞职，可能影响到股市波动，这是正常的事情。无论如何，原则上法务人员是不做诉讼的，法务人员职责之一是管理、配合诉讼，以及配合顾问的其他工作。

公司法务，是被雇佣的人员，公司（老板）和法务人员之间，是一种管理和被管理关系，法务人员的思考维度或多或少会受到公司（老板）的影响，因此其很难对一个问题进行独立判断。而法律顾问的地位则超脱得多，律师属于独立思考的人，所以在不受公司影响的前提下给争端或问题提出一个客观的建议。这是法务和顾问区别之一。

什么是法务，什么是顾问，什么是诉讼律师；法务人员的核心价值是什么，工作的具体范围是什么，以及应该如何做；法务人员如何在公司提高自己和部门的地位，以及如何在同事、老板和律师们之间做好沟通和交流；等等。这些问题都需要一一厘清。给公司专门的法务人员，或想做法务的人员进行专门的培训，让更多的公司法务人员能够发挥他们的才能，是一个十分必要的事情。于是，从

2015年开始，我们成立了一个“首席法务官法律团队”，面向本地的企业以及规划做公司法务的学生，每年开办一期“首席法务官”培训班。如今，我们已经做了五年，团队准备在全国范围内推广这种培训模式。

公司诉讼律师应是一个专门的律师类型，应纳入诉讼律师系列，在具体实践中，我认为不应将顾问律师和公司诉讼律师混为一谈。比如，公司聘请一个律所的律师既做法律顾问又做诉讼业务。顾问费用是顾问费用，诉讼费用是诉讼费用，这个在实践上很多顾问合同都是如此执行的。如我所聘请的顾问又有诉讼案件的，常规是诉讼费用减半收取。

不仅费用如此。我总是要求律师们把顾问律师和诉讼律师分开，将公司案件交给专业诉讼律师去做，让顾问律师更专注于合规、谈判或股权等业务。就一个律所内部的分工而言，顾问律师不能作为专业的诉讼律师去为公司服务，顾问分为很多个方面，并不是所有的顾问都擅长诉讼。

3 顾问型律师（二）：法律顾问的重构和分类

从系统论思维出发，我将顾问型律师作为公司法律服务的一部分，整个公司的法律市场框架实际上包括三类人员。第一类是公司法务，这些人是从事公司法律事务管理或决策的。在一个大的公司里，可能分为一般法务人员、法务主管（经理）、首席法务官。在一个小的公司里，一个法务人员可能担任上述所有角色。第二类是公司需要的诉讼律师，即专门为特定的公司提供专门诉讼服务的律师。第三类是法律顾问。这就是整个公司服务的法律系统框架。在三者之间，形成互为存在、缺一不可的关系。

10多年前，我就开始思考这么一个问题：公司法律顾问工作可不可以专业化？并试图做这方面的尝试。比如，我们将法律顾问单位分别按照诉讼律师、合规律师、薪酬律师、股权和战略规划律师、知识产权律师（若有技术业务）等，设置不同的法律岗位。然后设置了一个管家型的顾问律师，这个律师实际上担任一个联络人的职责，协调对方老板、法务人员以及律所内部相关参与者的关系。在这个服务系统里，一般由股权和战略规划律师作为总顾问律师。实际上，顾问律师不但可以专业化，也可以进一步进行市场细分，一个公司的法律顾问项下，可以细分出很多类的法律顾问。

我们在对法律顾问的业务研发中，将公司诉讼律师排除在顾问律师之外，认为这类律师是给公司顾问提供的一种配套服务。这种配套服务，就如给公司提供法务外包服务一样，是在给公司提供诉讼外包服务。作为一家律师事务所，以及试图给公司提供法律服务的律师，首先要清晰地将法务、诉讼和顾问区分开来，明确这是三种不同类型的服务。只有我们律师自己明白了，公司才知道用什么、怎么用法律人员（服务）。

在此基础上，我们将法律顾问先简单地区分为专家型顾问、专业型顾问和管家型顾问。

先说管家型顾问。比如，在很多地方的律师事务所，还有很多律师喜欢单打独斗地给公司提供服务，于是，只要公司聘请，他自己就是这个公司的法律顾问。这类顾问，什么都懂一些，但是他什么都专业吗？——当然不。聪明的律师做企业法律顾问，当他不懂的时候，会临时找自己律所更专业的律师去搭伙给公司办理某项更专业的法律事务。我们将这类顾问类型称为管家型顾问，即某位律师在法律顾问的服务过程中，充当的是法律“管家”的角色。这个管家律师实际上充当了各路法律人员以及和公司方向对接的联络人、召集人的角色。我们要求这个“管家”在30秒内能够判断公司交付的某类事情应由哪一类型的律师来完成，并在3分钟内厘清这个法律项目以什么样的组织架构来实施。

企业的管家型顾问是否可以专业化？可以。我将管家型顾问也划分为若干个等级，最高的可称为资深管家顾问。这个人必须是博学的人、懂得企业管理的人、懂得什么时候选用什么样的法律人才为企业服务的人。这类顾问，最后将跃升为战略顾问，可以胜任任何一家上市公司的首席法务官。

专业的顾问律师，在能力角度上可以设计为“法律+一个专业”的能力。比如，谈判律师除了具有法律功底外，还要懂得谈判技巧。这类律师，我称为专业法律顾问。在横向上，我们将这类专业律师划分为战略顾问、合规性顾问、公司治理顾问、股权顾问、谈判型顾问、法税顾问等。比如，谈判专家一般要求有心理咨询师资格，法税顾问至少有注册会计师或注册税务师资格，等等。再深入一个层次，即有“三个能力项”的，则是专家型顾问，即除有法律资格外，还要有两项专业资格或能力，这些整合起来后能够满足企业需求的，则是专家型律师。比如，一个具有专利代理人资格，又有律师资格，又擅长谈判的人，这类律师就是技术谈判专家级的律师。如此，按照上述逻辑思维设置顾问类型，我们可能会演绎出来上百个类型的专家型。通过这个分类方法，“诉讼万能论”或“诉讼基础论”的认知不攻自破。

在这里，我试图以个人的认知，论证公司战略型顾问、公司治理顾问律师的重要性，并试图通过谈判律师业务的开拓，证明顾问型律师的市场前景和路径。希望这些对各个律所，以及试图走向这个方向的律师具有参考价值，同时希望形成企业或企业法务人员的共同认知。

战略顾问律师设置于公司高层框架内，有时候和公司治理或股权律师是竞合关系。战略顾问律师的知识系统必须是综合的、全面的，因此长期从事诉讼的律师经常因为存在这种局限而不适合做战略顾问。战略顾问必须具有一定的层次和境界，必须基于公司过去并看到未来的发展，才算是好的顾问。在一个集团系公司范围内，战略顾问的地位很重要。当然如果公司有首席法务官，也许二者可以竞合，但永远不要让首席法务官或战略顾问给你处理一个案件。

假如我们将公司理解为一个战争机器，将公司与同行业的竞争理解为战役，也许我们能够更好地理解一个战略型顾问律师的重要性。我始终认为，律师可能是天生的战略专家，他对于如何整合公司系统，如何应对各种风险，如何稳中求胜，如何做必要的妥协等，具有天生或后天锻炼得来的敏感性。

我将涉及参与制度建设的律师称为公司治理专家律师（或顾问），这类专家对公司很重要，但实践中我发现很多律师不具有这种治理能力。北上广的律师事务所更擅长一个上市公司的公司治理。实际上，对于地方律所来说，中小企业公司治理的法律服务市场是一块更大的蛋糕。但其治理结构则比较复杂，比如，怎么将一个合适的制度融入一个由“夫妻店”向公司化转变的过程中。这是个技巧和能力问题。只有找到真正适合并能推动公司发展的制度，才是好制度。

一个好的公司治理专家，对于公司的发展很重要。首先，他要懂得制度经济学，明了制度对经济的正能量推动的意义，并围绕“经济推动”设定治理模式，将一个技术、生产、管理都很落后的公司，变成一个强大的公司；其次，这个专家要擅长将公司当作一个载体，通过公司治理去打通融资“瓶颈”，将一个家族型公司变成一个可以承载更多人股份的庞大资本帝国；最后，这个公司治理专家能够将一个不遵守公司规则的人，变成一个积极遵守规则的人，尤其是公司的高管层，因为高管层对公司制度的遵守与否将决定公司的未来，并决定外来之技术、项目和资金能否进入这个公司。

最后说谈判型顾问律师。2015年，我所在的律师事务所，由毕业于中南财经政法大学的法学博士杨树林律师担纲，成立了谈判部，我也有幸受其邀请成为其中的一个成员。最初，这个谈判部由3人组成，几年之后，也才发展到9人，这个谈判部希望加入者都是专业人士。由于内部人才不足，杨博士希望有更多的律师或者不限于律师的专家型人才加盟，形成法律谈判联盟，以给公司和政府提供更优质的服务。在谈判理论上，杨博士认为，各方现实情况（如经济基础）、策略的选择、心理底线和共赢通道是谈判最终成功的可能性因素。在谈判中，除非存在一方是绝对强势主体的情形，否则在不伤害自己利益的前提下，成功的谈判往往都是在各方均为对方利益考虑的基础上形成的。通过给予对方利益，从而实现自己的目标利益，是最佳谈判策略。而强势者与弱势者之间的谈判，是非均衡博弈的谈判，比如，在非均衡的博弈中，西方认同的“2/8理论”是合理的，即“20%的富人掌握社会上80%的财富，而80%的穷人掌握20%的财富”，这是意大利经济学家帕累托对意大利经济统计现状观察得出的结论，因此称为帕累托最优分配的原则。这个原则后来被欧美国家引入劳资谈判中，很多欧美的劳资律师或其他谈判专家就以之为原则。杨博士认为，帕累托最优建立在20世纪初甚至更早的意大利经济数据统计的基础上，而那个时候大部分被当作穷人甚至乞丐。实际上，现在的职工，都是相对的有产者，甚至中产阶级。因此从心理学角度而言，这些人对利益的分配期望值会更高一些。以劳工纠纷为例，高到多少，依某个人在单位的价值创造而定。同样的理论引入商事谈判中，我们称为心理底线，这是谈判成功的关键。

4 非诉讼律师

当我们将律师职业划分为诉讼律师和非诉讼律师的时候，这就意味着，除了诉讼之外的律师都是非诉讼律师。假定我们将法律服务当作一个产品来看待，这种简单的划分，在10多年前的中国法律服务市场，或可满足当时的市场需求。

而到了今天，尤其是人类即将进入大技术时代之时，自然无法满足市场的需求。按照经济市场的一般原理，市场越细分，市场经济越发达；而经济越发展，则市场越趋向细分化，法律服务市场概莫能外。因此，在诉讼和非诉讼的基础上，对法律服务做进一步细分，就十分必要。

在诉讼律师一节中，诉讼律师被我划分为两个层次。第一个层次是按照部门划分，即刑事、民事等。第二个层次是按照不同的可能案件，比如按照法院的案由，提倡进一步细分。同时，在纵向上，我提出了诉讼流程节点管理的概念。在法律顾问一节中，我则将法律顾问律师划分为三个层次，即管家型、专业型和专家型的法律顾问，同时建议法律顾问也应该导入流程节点管理的服务模型，更建议在给企业提供顾问服务的时候，要将顾问中的诉讼业务以及公司内部的法务工作严格区分开来，建立各自的服务（或运营）体系，并将顾问、诉讼和法务有机地连接起来。

律所给公司提供顾问业务的同时，也可能提供诉讼服务。当我们将诉讼业务从顾问业务中分离出来后，实际上，顾问律师也是非诉讼律师的一种。那么，除了法律顾问，我们怎么对非诉业务进行划分呢？难道我们沿用习惯，将非诉讼分为法律顾问的非诉讼和非法律顾问的非诉讼——这显得拗口别扭。我做了一个简单的划分，即律师分为诉讼律师、顾问律师、系统律师和平台律师。顾问律师、系统律师及平台律师，当然都是非诉讼律师。系统律师也可称为专项律师。也许，为了业务发展和市场的需要，基于法律服务市场的细分，一些律所也在尝试对法律服务尤其是非诉服务进行市场细分。

系统律师，是我们经常提到的一种非诉业务种类。当时用“系统”这个词形容非诉，试图让律所的律师更容易接受律所倡导的流程节点管理的概念，按照系统的思维去做非诉讼。但是“系统”并不具有高度概括性，而且也容易混淆。经过多次研讨，我们认为，回到传统认知，用“专项”这个词概括设计某个专门的项目的法律服务，更为恰当。这样，平台和专项能够形成一种互补的非诉概念。但是，在律师内部，我们还是保留系统律师的称呼，即做专项的律师，就是做系统的律师；做系统的律师，就是做专项的律师。甚至我们不少同事认为，系统这个词实际上比专项更宽泛一些，比如，我们说将某个非诉案件当作专项来做，仅仅意味着某案件或项目。而我们将某个方向的法律服务，当作系统项目来做，则意味着这个团队在努力开拓和运营一个系统方向的法律服务产品。因此，当我们理解专项的意义，即承办非诉案件的专项律师，就律师这个专业方向而言，是泛称一个系统方向的法律服务。

因此，我们可以给专项律师这个具有执业方向意味的专属律师下一个定义。所谓专项律师，是指将法律服务当作产品，以非诉讼为业务方向，以价值增值为目标，专注于某一个系统方向的法律服务产品的研发和运营的律师。关于系统律师的流程节点管理，我想在下面一节专门去讲。这里主要讲一下产品和价值增值。

首先，专项律师必须将法律服务当作产品来研发和运营。既然是一种产品，就要有产品的名称、标志、内容、产品生产或服务的流程、产品的管理和运营体系、产品的监督等。比如，我和我的合伙人鼓励豫龙旗下的项目团队要有自己的项目“字号”，如嘉合佳婚姻家事团队、向日葵法律教育团队、龙域法税团队等。

其次，专项律师的定义排除了诉讼业务、常规顾问业务。这里要区分专项律师的专项法律业务和诉讼及顾问律师的专业化问题，即专业化和专项律师是两个概念。诉讼律师和顾问律师可以专业化，专项律师更要专业化。在未来，专业化是所有法律业务都走的路径，不仅限于专项律师。

最后，专项律师以为客户实现价值增值为终极目标，而不以维权为终极目标。这是专项律师与传统诉讼律师和顾问律师的本质区别。当我们研发一个非诉法律产品的时候，我们首先想到的是，这个产品能够给客户带来什么价值，而不是用维权思维去研发产品。只有我们有了这个“价值”思维的时候，我们研发的产品才更具有市场性。

基于维权和价值增值两个属性，我将律师划分为两类。一类是给客户维权的，即诉讼律师和顾问律师。另一类是给客户创造价值的，即专项律师和平台律师。以实现客户价值增值为目标的律师，基于合规设计法律服务产品，并不是抛弃了维权的诉求，而是将权利的维护和价值的实现融入产品设计中。就此而言，比如某些顾问型律师，如基于公司制度设计的律师，其实也具有这种职能，区别在于，专项律师或平台律师将顾问律师中的某些业务打包成为某个专项的法律服务产品，而法律顾问则专门服务于固定的客户。除此之外，比如诉讼律师中的一些特别的诉讼，如知识产权诉讼，其核心的价值目标对客户而言并不是为了胜诉本身，而是通过胜诉来巩固自己市场领先地位，因此，知识产权诉讼律师，在某种意义上，也具有价值增值的指向。

关于非诉讼，发达国家已经拓展了很多方向。在人工智能时代到来之后，将有更大的市场等待我们拓展。因此我认为，现在这一代年轻的律师，或许遇到了历史上最好的机遇。因为未来大部分的非诉讼，并不需要以诉讼为基础，年轻律师能直接跳过去做新型的非诉讼业务。也因为如此，专项律师，以及我下面会讲到的平台律师，才是年轻律师的天和地。

5　题外篇：一段“非专业的”知识产权律师心路

专项律师以市场化、产品化为方向，设计某项法律服务产品并进行运营。那么，如何设计和运营专项法律服务产品呢？我和我的合伙人以“法律+”和系统化的思维设计法律服务产品。然后，基于专业化，我们又注入了流程节点管理的思想和路径。这里，我以知识产权业务为例，来说明怎么设计专项法律服务产品。而说到知识产权，我这里要讲两个故事。一个是我从股权律师转到知识产权律师，甚至游离到知识产权之外的经历。我的这段心路历程，和本书的主题有关，也和我对平台律师的认知有关，更和我所在律所有与众不同的知识产权运营模式有关，当然也和我们律所知识产权的系统化分类和分工有关。另一个故事是奥尔森教授对知识产权的认知。

我们律所开拓知识产权业务，还要从王肃博士说起。王肃博士是中原工学院知识产权学院的院长、教授，主要研究方向是知识产权，他是河南省第一个创建知识产权学院的院长，他还发起成立了河南知识产权研究会，并任这个协会的会长，现在是河南省乃至全国知识产权领域的专家。15年前，王博士开始鼓励豫龙律师开拓知识产权业务，我们先是从商标做起，现在商标团队已经发展到近30人，然后是专利诉讼、专利申请、基于知识产权运营的法律服务等，目前，知识产权团队人员已经近80人，其中律师30多人，这是我们律所第一个非律师人员超过律师人员的大部门。

在知识产权运营方面，我是半路出家。8年前，我还在做股权业务。我转到知识产权领域，源于和王肃博士的一次辩论。当时我们律所已经有了商标部，也有律师从事专利诉讼和专利转让的法律业务。但是，显然，知识产权律师的春天还没到来。在当时，和欧美国家相比，除了惩罚性补偿的立法限制之外，限制中国技术跃迁的根源之一，还在于技术转化问题，中国为什么投入千亿元、万亿元的资金，却无法收获更多的有用的技术呢？这就是中国技术的转化率太低的问题。进一步说，相对低下的技术转化率，导致中国虽然在技术总量上已经超过了美国，但是，基于技术转化的知识产权市场并不活跃，知识产权律师并没有用武之地。当探讨到技术如何转化的问题时，王肃博士认为，现在技术转化非常难，一个原因是有效专利少，另一个原因是专利都属于国有，如何评价现有技术的价值是个问题。此外也缺少转化的中介机构。但是当时在我看来，直接成立一个基于技术转化的中介，如联合评估所、律所，一起做这个业务就可以了。当时我并不明白中国的有效技术出现了问题，认为这是纯粹的市场问题，通过股权结构可以突破市场“瓶颈”，其实这是第三个问题。王肃博士并不认同，然后列举了很多原因。我有点不服气，随即联合一些朋友做搭建平台这个事情。之后平台便成立了。因为中国大部分专利技术都在高校，我就到各个高校，希望大家将技术放在一起共同运营。但就如王肃教授所说，技术转化体制存在问题：高校的专利质量参差不齐，有些质量稍好的专利，因为没有进入试验阶段，距离转化到生产一线还很远。此外，由于缺少技术评价机制，没有人敢把技术放到我们搭建的私人平台上。但是我还是不死心，试图转向对中国有效技术的寻找上。认为只要寻找到有效技术的开发途径，无论是技术转化问题，还是知识产权的业务拓展问题，都可以迎刃而解。

怎么才会产生有效技术？这成为最初两年我一直思考的一个问题。当时，正值党的十八大召开之后，全国正在热烈地进行双创活动，正好国家知识产权局“中小学生知识产权教育基地”需要针对中小学的培训讲师，我作为河南省知识产权协会的副会长，义不容辞地加入了这个讲课团。除了普及知识产权知识、引导学生的创造激情外，我给自己定了一个调研课题，即在小学生、中学生、大学生、大学讲师和教授，以及研究员，还有企业的技术人员当中，谁才是最有创造活力的人？怎么样组合，才能产生有效的技术？这个课题很大，但是，我觉得非常有意思。于是，我轰轰烈烈地投身到给中小学生讲课的工作中去。关于如何创造以及如何实现有效的技术转化，两年的实践和思考，我有了新发现，我编写了一部名叫《创客三字经》的书，作为给孩子们使用的辅导书。这本书以苏联发明专家阿奇舒勒的40个发明方法为基础之一，然后将我自己理解的有效发明和系统发明的方法和理念融入进去，以中国三字经+注释的形式，告诉孩子们如何进行有效的创造，这就是我两年的成果。

四年前，我开始试着整合知识产权团队资源，比如成立专利部，我们律所现在也成为河南省专利代理人最多的一个双证律所。我开始进行第二次思考，企业能不能将技术当作商品来生产运营呢？假如能，将是一种什么模式呢？在写《创客三字经》时候，我就提出一个“智力资本家”的小题目，并作为一篇小短文来描述，认为未来社会中，在人和人之间，企业和企业之间，国家和国家之间，以及人类与人工智能之间，将是智力之战、智能之战。大国之战，或将止于技术。于是，我开始着手写另一本书，书名就叫《智力资本家》，这本书探讨未来的企业家应该怎么做，未来的企业运营模式是什么。这期间我写作的灵感一发不可收，于是写完这本书后又写了一本《智力经济学》，探讨未来的经济模式应当是如何的，在技术作为商品来运营的背景下，将对经济产生如何的影响。之所以写这本书，是因为在写《智力资本家》的时候，我突然发现当阿尔法狗打败围棋高手的时候，当智慧的机器人小冰会写诗之后，人类突然进入了一个大时代，我称之为大技术时代，而不仅仅是一个AI时代，未来是若干个智能AI时代构成的大技术时代。这个大时代的经济模式将是什么？于是，虽然我只是一名律师，我仍希望把自己的认知写出来。有感于未来社会变迁的可能途径，我认为在大技术时代，也许是中国社会千载难逢的发展机遇，怎么做？于是我写了一本名字很高大上的书叫《大技术时代之大国崛起》。后来我觉得这些书要么太专业，要么名字太高大上，于是2019年秋，我开始将上述书的内容，整理出来汇集成为一本名为《大技术时代》的书。上述的思考大约形成了200万文字，通过对人类过去、现在和未来的梳理，提出了人类将来到大技术时代，这个时代将是以技术为产品时代。在大技术时代，体力劳动将被人工智能替代，因此，传统产品将成为最廉价的商品，而技术将从传统产品里剥离出来，作为单独的商品被生产和运营，这是大势所趋。

上述看似和知识产权无关，实际上却有很大关联，因为知识产权除了商标和版权之外，就是围绕技术形成的权利，而未来将以技术为核心产品，以文化为副产品形成新生产方式。文化产品，本质上又属于版权等知识产权系列。所以，在未来，知识产权律师将是律师行业里的半壁江山，这促使我大力打造我们律所更专业、更庞大的知识产权团队。在我对未来的研究中，逐渐梳理出未来属于平台律师的大思路，这是我对律师业思考的最大收获。关于这些理论，我将在下面的一些章节里逐渐讲到。

我承认，我迷失在大技术时代的未来中。但是我没有遗憾。除了给孩子讲课的那些日子，上述思考都是我在工作之外的业余时间完成的。我每天早上6点到单位写书到9点，然后做律师工作，接待当事人，处理法律事务，维持律所的发展，晚上6点开始继续写书到10点回家。坚持将近四五年时间，完成了我艰难而兴奋的思索过程。而在具体的法律业务上，我参与了河南省数个知识产权基金的设计和筹建，也组建了自己的知识产权基金专业团队，同时，思考筹建中小型技术企业的研究院托管体系，搭建律所的专业化团队，等等。

2018年，我们律所接待了美国哈佛大学博士、波士顿法学院知识产权博士奥尔森教授，谈到中国技术的价值问题，以及中国知识产权律师为什么不挣钱的问题的时候，奥尔森说，技术的价值、知识产权的价值在于诉讼。这个认知，是从诉讼价值视角来做的一个判断，非常有道理。如果中国设立了对侵犯知识产权的高额惩罚制度，那么，也许会反向激活技术的转化率、激活知识产权运营市场，更能顺势激活知识产权诉讼市场。若如此，将有更多的律师加盟到中国知识产权律师队伍中来。但显然，因为缺少制度的设定，我和我的团队就试图用我们自己的方法，从其他途径寻找突破口。

6 专项律师：将法律服务当作产品系统化运营

专项律师如何将法律当作法律服务产品运营？基金律师、移民律师、知识产权律师一般被理解为专项律师，我以知识产权律师的市场细分来说明这个问题。实际上，所有的专项律师，都可以循着这个思路寻找专项法律业务的路径。

在中国从事知识产权业务的是知识产权律师、专利代理人和商标所的代理人。从事专利代理和商标业务的律师在德国叫专利律师。德国的专利律师，除了代理申请专利证、商标注册外，还可以参加知识产权之内的诉讼。欧美知识产权律师、专利律师大多是理工科背景，而且文化程度一般为硕士研究生及以上。而中国的专利代理人，资格考试仅要求大专文凭，门槛相对较低。这些我们都可以归结为体制不同或者发展阶段不同。中国的知识产权制度与欧美国家最大的不同，在于惩罚性赔偿，欧美国家的相关案件会要求侵犯知识产权的侵权人给予被侵权人高额赔偿。这种惩罚性赔偿是被侵权人追求的胜诉获得的利益，因此，他们乐于和诉讼律师分享赔偿所得的利益，而律师可能分享的利益甚至大于被侵权人，如此形成一个良性的知识产权诉讼市场的循环，在客户的授权下，知识产权律师经常会主动地对可能的侵权人发起诉讼。所以，欧美国家虽然没有知识产权执法部门，但是，知识产权秩序井然，知识产权律师也最终成为受益者，知识产权的权利人则因此获得了市场垄断地位。

那么，中国的知识产权律师如何发展呢？我和我的合伙人在10年前就开始思考这个问题。基于我们是地方律师事务所，我们做了三个假定。第一个假定是，中国知识产权诉讼的法律市场还没有真正到来。欧美国家知识产权律师的运营模式并不一定适用于中国知识产权律师，我们要寻找中国知识产权律师自己的方向。第二个假定是，即使中国经济发展到一定程度，知识产权诉讼业务也可能主要集中在经济实力最强的几个城市的律所。第三个假定是，地方律师事务所应联合专利事务所、商标所、股权律师等专业服务者，寻找接地气的“律师+知产+”的业务，以技术孵化和运营、权利维护、价值推动等关键词为方向发展综合或专项业务。在这种思路和理念下，经过我们10多年的努力，知产团队逐渐发展到近80人。

2018年年初，针对“县域和地级市企业研究能力不足，无法留住高级研发人才”的问题，我们邀请知识产权专家和知识产权部的人员召开研讨会，会议决定搭建企业研究院托管平台。这个平台的职责就是在系统服务+托管服务的基础上，帮助县域企业组建研究团队，为他们提供专利分析、专利申请和维权、知识产权贯标、高新技术认定、品牌运营（商标方向），以及科创板上市服务业务。为了组建这个托管平台，律所特别聘请北京理工大学的李鹏程博士作为带头人，负责专利分析业务。我称这个服务模式是法律+专利+技术孵化的法律专项产品，将来可能进一步升级为平台模式。

假定我们将知识产权当作一个法律专项看待，完全能够设计出40多个专项法律服务产品。但这些产品，需要法律+专利+其他的更专业的人才。比如，我的业务方向就是知识产权基金，这个方向就需要具有法律实践、基金实践以及知识产权相关的专业知识。2018年，我们对律所里的知识产权业务，按照法律产品思维，基于市场，进行了系统整合。比如，我们将商标部、股权部、专利部等相关业务部门进行整合建立了品牌运营法律服务部，专门为具有市场唯一性的产品、品牌、技术等提供系统化的法律服务。

按照专项理念，我们律所成立一个法律教育团队，目前主要围绕中小学的法律教育服务展开，从公益宣讲、校园事故处理，到中小学顾问以及后勤法律事务介入。我们律所还成立了法律旅游团队，专注于旅游法律产品的开发。

我们对专项律师的理解，完全可以不拘泥于一个点、一个系统。专项律师可大可小，即可以一个点为专项，也可以一个法律产品的系统或系列产品为专项；可为社会提供法律产品，也可为律所内部提供法律产品，或给某个平台提供法律产品；我们甚至可以将诉讼的某一个节点或环节也理解为专项律师。

比如，我在诉讼专业化中提到的刑事辅助业务就是专项服务，这是基于诉讼案件流程节点给刑事律师提供的专项服务。这个部门专门给刑事律师梳理刑事流程节点。第一步，帮助刑事律师阅卷，制作阅卷提纲，将十多本甚至几十本卷宗浓缩到原内容的1/10甚至更少；第二步，制作会见提纲、辩护提纲和庭审发问提纲；第三步，为刑事律师提供助理团队，随时跟踪和服务案件，帮助律师完善、整理各种法律文书。这个专项服务受到了刑事律师的欢迎，有些年轻人虽然还是实习律师，但收入颇丰。雷程律师表示，他将继续带领这个团队为更多的律师提供服务，并希望将这种模式推荐到其他律师事务所。这难道不是专项律师吗？

为了加强案件管理质量，为律师办理好案件提供更好的服务，我们律所专门仿照法院和检察院的模式，成立了案件管理部门，简称案管部。这个部门也是一个专项法律服务部门。实际上雷程律师的刑事辅助专项法律服务就是孵化于案管部。

通过上述分析我们可以看到，专项律师不仅产生在非诉讼领域，偶尔还能将触角延伸到诉讼和顾问领域。此外，以系统和专项思维，以市场需求为导向，专项律师可以细分为成千上万个业务方向，从而做到真正的专业化。

7 平台律师（一）：什么叫平台律师

平台律师是我理解并创设的一个新的律师业务方向。所谓平台律师，就是基于规则及市场的需要，律师（律所）通过参与或直接搭建一个平台，让不限于律师的人或机构参与其中，律师和第三方服务机构为社会提供某项或综合的服务。广义地讲，设计或参与设计基于某个系统或行业的平台，然后代管、监管，或为这个平台提供需要涉及的其他规则服务的律师，都可称为平台律师。平台律师，就是律师自己搭建或者帮助某些人和某些社会机构搭建一个合乎规则的平台，众人愿意在这个平台上进行某种活动，在平台活动中，律师将担任某个角色并因此获得利益。关于平台和平台律师，我认为：

第一，平台是合法的，任何不合法的平台都是禁止律师参与的。律师参与平台建设的意义就是合规性。平台不但要符合国家的法律法规，还要符合基本的理性和规则。

第二，平台基于规则。设计者基于规则出发，围绕安全或效益，设计出一个平台模式，以使个人、企业、政府等在此平台之上进行技术、项目、资金的交易和活动，或帮助特定的主体解决特定的问题。因为这些平台无非规则的组合，所以律师就是平台天然的建造师。基于市场自由原则，假定平台在合法的前提下是禁止政府介入的，那么，律师则又是天然的管理者和监督者。

第三，平台基于市场。市场不需要的平台是没有价值的。当我们搭建平台的时候，一切都要围绕市场来设计和构建。

第四，平台可以是公益的，也可以是收费的。律师不应参加非法的政治活动，这是基本的律师禁制。律师搭建平台必须在法律的框架内，搭建市场化的平台的目的是方便社会。

第五，在平台的搭建中，律师可能是设计者，也可能是管理者、监督者。

第六，平台包容并吸纳相关服务者群体。这些服务者将在平台范围内为特定客户目标提供平台规则范围内的服务。平台法律业务，是一个适合更多律师及辅助人员参与的法律业务。比如，公司托管及监管、技术平台的搭建、非上市股权交易平台的搭建、管家平台的搭建及托管等。平台的搭建，必须吸纳其他职业服务人员的参与，我称这些职业服务人员为跨界事业合伙人。

专项律师的专项业务，被我理解为平台律师的基础之一，如果专项的系统健全了，在这个基础上，就可以自然地延伸出某个专项平台。而几个类似专项平台的整合，又可形成一个大专项的平台。

平台的概念很宽泛。有些平台是现成的，比如各种协会就是很好的平台，律师都可以积极参与。在国外，律师通过参与和推动各种协会的举办，能发挥自己作为一个权利守护人和价值推动者的作用。

我和合伙人正带领全体律师致力于搭建三个方向的平台：一是管家平台，针对私人；二是智董会平台，针对技术性企业；三是政府服务托管平台，这是为政府提供第三方服务的，比如政府危机管理服务、政府招商引资服务等。

智董会平台类似于私董会平台，但是又有所不同，比如这个平台更专注于为技术性的轻资产企业服务。这个平台上的人，我称为“智力资本家”，包括学生、教师、演技员工、技术工人、民间发明人等拥有发明能力和爱好的人，这些都是富有创造性的人，他们专注于创造有效的技术；还包括企业家、金融家，他们是提供资金和项目的人，既是技术的孵化者，也是技术的使用者，更是技术的投资者；当然还包括律师、专利代理人、专利分析师、商标和品牌运营专家、注册会计师、税务师、评估师等第三方从业者或机构，这些人或机构为上述两种人提供服务；最后，不排除具有卓越意识的地方官员和招商官员参加，他们可以将技术、项目引入当地生产和运营，或者由上述团队一起帮助地方政府孵化当地的技术或传统项目升级。通过上述团队的整合，智董会将是一个技术、项目和资金流动的平台，这个平台将培育更多基于未来的智力资本家和智力服务专家。

在智董会平台下，汇集的这些服务机构如律师事务所、会计师事务所、专利公司和商标公司以及相关机构，我称为跨界事业合作机构。这些服务机构的服务者如律师、专利代理人、专利分析师、会计师等，我统称为跨界事业合伙人。我希望跨界事业合伙人以推动中国技术发展为己任，通过参与智董会平台，培育出拥有更多掌握有效技术的个人和企业家。只有这样，中国才能更加强大！

8 平台律师（二）：平台管家

在未来，最有发展前景的律师，不是诉讼律师，也不是顾问型律师，而是专项律师和平台律师。其中，在专项律师中最有前景的是知识产权律师。平台律师，则是更有前景的新职业方向，这种律师对诉讼律师、顾问型律师和专项律师具有很强的包容性。在一个平台上，可能有上述所有类型的律师参与工作；在一个平台律师项下，可能存在各种类型的专项律师，比如管家型律师、模式设计律师、节点管理律师等。这里只重点介绍管家型律师。

我们豫龙团队正在和某医院合作努力打造一个基于“左手医生、右手律师”的管家平台。这里的医生和律师，我称为“管家型”的律师和医生，即医生和律师只提供一般的咨询服务。现在我们单说“律师管家”。

在“左手医生、右手律师”的平台项下，经常和社区居民接触对接的律师就是居民的“大管家”。这个“律师管家”由一个刚毕业的实习生就可胜任，他是路径推荐者。我们将所有的服务业务都统称“案件”，这里的“案件”包括心理咨询、购买房屋等。“律师管家”知道什么样的案件应该给客户推荐什么样的人。律师是否“精通”所有的法律不重要，重要的是忠诚，这是“管家”第一道德。

在平台律师的框架体系里，总有一个类似于“管家”的角色。这个（些）“管家”，是平台和客户的忠诚守护者。在后面章节我还要讲到一个“简爱”平台，里面的“简爱管家”，就是这个角色。

管家型律师不但是被服务人（机构）的守护者，更是规则和平台的守护者。这里的守护，不但是对客户的守护，更是对规则的守护，如果逾越规则去为客户争取非法的利益，不但会害了客户，而且会扰乱平台秩序。尤其是在一个平台项下，律师或平台管理者可能是一手托两家的角色，当这方客户获得非规则外利益的时候，那么另一方可能就是利益受损者。比如，在一个公司管理托管的平台项下，假定众位股东将公司的法律、财务托管给平台，律师就是所有的股东的管家，而不是某一个股东的管家，如果律师不坚守规则，那么，平台的存在就失去了意义。一个公司托管平台的根本意义，就是建立严格的公司治理体系，坚守公平、公正、公开的原则，这也是公司托管平台的基本规则。

就此而言，管家型律师必须是忠诚于客户并坚守规则的人。同样地，财务管理人员等其他平台管理人也需要如此。豫龙团队为了打造平台律所，在人员招聘中，要求人事部门招聘两种人，一种是具有其他更多资格证书的人，或者有信心并有能力取得法律职业资格证书之外资格证书的专业人才；另一种就是忠厚的人，不看年龄、学历、出身，只看这个人的人品。

一个律师事务所如果试图打造成一个平台律师事务所或为平台服务的律师事务所，那么，管家型律师是这个事务所的根基，这种律师越多，律所就越稳固，至于专家型人才，还在其次。

管家型律师是平台维持的基础。但平台的概念，更强调平台内不限于律师的服务者的共享。这里的共享参与者不仅限于律师，还包括专利代理人、会计师、心理咨询师等。这些人是专家型人才，可称为跨界事业合伙人，即基于一个平台项下，所有参与的专业服务者，无论其从事何种服务，都有一个共同称呼，就是跨界事业合伙人。关于跨界合伙，我将作为一个单独的章节来讲，在这里不做赘述。

9 法律服务市场的四个境界

律师包括四个层次，即诉讼、顾问、专项和平台。平台律师对前三者具有包容性，后者的所有服务，都可以包容前者。因此，我们可以据此结论认为，后者的服务是在前者服务基础上的跃升。或者说，后者是前者的更高层次。

用另一个视角看法律服务，也许我们能看得更透彻一点。既然大家已经认同法律服务是一种产品，其内容是规则，那么，通过这个产品和规则的定义，我们可以将整个法律服务市场当作一个市场体系来看，我们会看到诉讼律师、顾问律师、专项律师及平台律师的市场环境和客户选择等均不相同。

诉讼律师的客户是诉讼案件的委托人，其法律服务产品就是诉讼。我经常给同事们形容我们律师在诉讼中的“地位”，说律师就是给法官“做饭”的人，而法官则是品尝者和裁决者。提供诉讼的律师，就是将国家设定的法律法规，学来并运用到庭审中。

顾问律师则更超脱一些，以自己的经验和知识为客户如公司老板提供服务，从而使客户避免诉讼或使客户将来处于诉讼有利状态，转身成为维权顾问。最高级的顾问不仅可以维权，而且可以通过公司治理等高级服务使公司实现价值增值。顾问律师提供的法律产品就是基于合规的权利守护服务或增值服务。此时的顾问律师，和公司法务官与老板的关系不同，也和诉讼中的律师和法官的关系不同，顾问律师和客户之间是一种平等的关系。顾问和客户这种平等的关系，导致顾问律师会站在独立的第三方视角——而不是如公司法务站在公司视角那样，从而能够从容地给公司的某项行为做出独立的判断。

专项律师，则比顾问律师更进一步。专项律师将法律服务当作一个产品来对待。顾问的建议可能是粗糙的、简单的，而专项律师则有完整的服务操作流程，通过流程化的管理来完成这个法律服务。专项律师提供的产品，与传统的诉讼律师和顾问律师的产品追求的目标也不同。前者追求的是维权，即权利守护，而后者则试图给客户（公司）创造价值，专项律师通过对某个行为、流程或客户的需求，基于规则地设计，来满足客户实现某种安全或效益的目的。

如果说专项律师是在非诉专业化基础上做的法律服务产品流程服务，平台律师则是通过参与或亲自搭建平台，以满足并实现若干个人、企业或政府的某种便捷、安全或效益的目的，并促进技术、项目或资金等的流通。第一，平台律师和诉讼基本没有关联。第二，平台律师基于规则，并没有超越法律服务的范围，而通过某种规则形成制度体系来给客户提供某种法律服务。第三，这种服务产品能够实现客户价值。

我们用企业的境界来论述四种律师的区别或许更形象，即一流的律所（师）做平台，二流的律所（师）做流程（专项），三流的律所（师）做顾问，四流的律所（师）做诉讼。就如企业界流行说，一流的公司做标准，二流的公司做研发，三流的公司卖产品，四流的公司做项目，五流的公司做服务。

我认为，平台律师就是做标准、做规则的，因此平台律师是一个平台的王者、仲裁者。专项律师是做产品研发、做流程的，往往是这个方向的专家。顾问律师是做建议、做评价的。顾问就是顾问，说而不具体做；做具体事务的是法务人员。诉讼律师则在庭审中展示才华。就诉讼律师的职业评价来说，总是最出力不讨好的一个职业。一是诉讼的最终裁决者是法官；二是任何诉讼律师都可能输官司，诉讼双方都有律师的时候，总有一个输赢评价。尤其是在刑事诉讼中，因为辩护律师辩护的“成功率”是最小的，所以当事人最不满意的就是辩护律师。

作为一个老律师，我在内心深处还是对诉讼情有独钟，认为最能展示才华的还是诉讼战场，而最出人才的也是诉讼战场。往往那些刑辩律师、诉讼律师最能够出名，在国际上，比如刑辩律师，则是最挣钱的律师。这又是和传统的企业不同之处。

问题是，假如一个律师事务所人数超过100人，甚至超过1000人的时候，这个律师事务所能够容纳多少个诉讼律师呢？一个超级大律所，诉讼律师不应是其追求的方向，专项和平台律师才是最终的归属。我认为，平台律师和专项律师才是大中型律所和专业性律所的未来。

10 综述：平台律师，不仅仅是豫龙人的未来

未来的豫龙律师事务所，将以搭建各种社会所需的基于权利维护和价值推动的平台为己任。因为豫龙人认为，平台律师在未来大有可为。在平台背后，需要更多的律师参与其中，担任各种不同的关于规则设计、权利维护和价值推动的角色。这些角色，或许和诉讼无关，但肯定和规则有关。

豫龙团队打造的平台律所模型，具有两层含义。第一层含义，豫龙律师将给不限于本律所的服务者机构及服务者搭建服务平台，让这些服务者形成跨界联盟。第二层含义，豫龙律师在服务者形成跨界联盟的基础上，给社会的个人、企业和政府搭建平台。让市场参与者进入平台，联盟体给参与者提供半封闭式的平台服务，从而推动社会发展。

平台，需要储备足够的复合型人才。2018年年底，凤凰卫视《金律良言》节目组曾经对豫龙律师事务所做直播专访，采访中邀请了我所的五个律师嘉宾，其中有三个都不是法律专业出身，在豫龙所的培养下，现在都成了一名优秀的执业律师。

第一个是吕悠律师，她是学心理学出身，是我们谈判专家组的成员，也担任我们所的党支部书记。主持人采访吕悠律师为什么加盟豫龙。她告诉主持人，当她来到我们律所面试的时候，主任打开窗户，指着高楼下奔流不息的人群说，做律师，就是要给这些人做些什么。当时，吕悠刚从北京回来，做某个大型教育机构的培训讲师，应聘到所里做行政总裁助理工作，结果她用两年考取了法律职业资格证书，这是我们自己培养的一个人才，一个有情怀的人才。

第二个是王长坤律师，他曾经是某空军部队的副团长，是南京航空航天大学机械动力学的硕士研究生，在部队的时候王律师做地勤的战斗机维护，转业后他没有让国家安排工作。先是考取了专利代理人资格，在一家专利事务所工

作一年，次年考取了法律职业资格证书，然后到我们律所工作。

第三个是游国战律师，做律师的8年里，他用4年时间投入一个有效控制艾滋病的发明项目中，他在化验室里经过几年努力，竟然和伙伴们搞出了三项发明，这是律师界的奇迹和骄傲。在搞发明创造的过程中，游律师顺便考取了专利代理人，现在是我们律所的知识产权主任，耀眼的双证律师。

第四个是叶帅浩律师，他毕业于长安大学计算机系，毕业第一年考取了法律职业资格证书，进入了我们律所，第二年考取了专利代理人资格，当时他正在做有关装配式技术的专利分析。

第五个是罗慧领律师，他是我们律师学院的院长，专注于对案件的细分研究，对律所业务如何专业细分，如何创建各种平台，卓有见地。他负责对年轻律师的培训，并和案管部梳理案件流程节点。

这次采访之后，主持人称节目受到了40多万粉丝的围观，打破了《金律良言》的纪录，甚至超过了当天凤凰卫视一个关于“一带一路”直播节目的围观人数。

通过豫龙的培育模式，我们能将你打造成一个复合型律师。这些人才对于豫龙人而言是多多益善的。豫龙人希望能有更多这样的人才加盟豫龙的大家庭，成为业界精英，打造系统的法律服务模式，打造适合豫龙人发挥天才的平台。

第三章

大技术时代：人机分工下的平台服务

律师是一个为社会提供服务的人。当律师用一个社会服务者的心态看待这个世界，并将社会当作一个市场时，我们的世界将变得大而广阔。做平台律师，就要有市场意识，要联合更多的社会服务者，和这些人组建更强大的服务平台，从而给社会提供更务实和有市场需求的服务。

豫龙团队为什么要选择平台律师？为什么要将知识产权当作半壁江山来打造？为什么要跨界并和其他服务者联合？豫龙人并不是为做平台而做平台律师，而是因为时代的需要。豫龙人是在基于未来打造自己的营盘，从而成为未来服务行业中的绝地突围者和行业领先者！

当今之时，人工智能即将占领工业生产领域、农牧业生产领域甚至商业领域，势不可当。未来，将进入一个大创造的时代。一切行业都在颠覆和重构中，服务业包括法律服务业概莫能外。我们服务业界的从业者——律师、会计师等，也将遭遇艰难的选择。唯有服务者之间形成联盟体，唯有跨界，唯有浓缩为一体成为一个服务平台，才是我们服务业的出路。

有志者，当先行！跨界、融合，共创平台。对于我们服务业的从业者来说，当此之时，这就是我们要做的事情。

这一切，且容许我先将法律服务放在一边，从人类生产模式的改变说起。

1　这个时代大的生产模式

在中国的课程体系里，本节更接近于经济学的范畴。不了解未来经济模型的变化，就不了解为什么我们现在的社会正发生翻天覆地的变化，不了解为什么很多企业破产和很多人失业，更不知道每一个人、企业和国家应如何应对，律师们自然也不了解如何顺应时代发展而变化。

考察劳动工具和人类分工的变迁史，我们会洞察到：生产工具的跃迁，导致了社会分工的变化；社会分工的结果，将因此衍生出不同的行业或职业；而生产工具和社会分工的变化，又最终产生新的劳动关系。每一个历史时期，我们所从事的职业，都无非一个时代里社会分工的结果。

劳动关系，首先表现为劳动者和劳动对象的关系。我将最简单的劳动，即原始人在不借助生产工具的情形下将力作用到劳动对象上的这个劳动，称为一个简单的对子劳动。引入物理学的概念，对子劳动就是一个作用力和反作用力相互作用的劳动。在简单劳动里面，只有劳动者和劳动对象这一个对子，这个对子之间的力量的对比，就是简单的1对1（见图1）。

人类使用生产工具之后，劳动者和劳动对象之间力量的对比就不是1对1的关系，而是大于、少于或等于1。我将这种劳动，称为复杂劳动。劳动者可以通过生产工具来改变力的方向、力的大小，以方便劳动或提高劳动效率等。此时，在一个复杂劳动里，有三个劳动参与的“主体”，即劳动者、生产工具和劳动对象，生产工具在其间具有物理学的杠杆作用。因此，一个复杂劳动，是“劳动者—生产工具”和“生产工具—劳动对象”的双对子结构相互作用力的结果（见图1）。这种双对子结构在物理学的作用力和反作用力下，人类的生产效率大大提高了。之后，人类发明了蒸汽机，虽然看起来生产工具力量更加强大了，人工节省了，但是，这仍然没有改变本质上的劳动关系，即“参加”劳动的还是劳动者、生产工具和劳动对象，劳动过程还是一个双对子结构的劳动关系的作用过程。机器的诞生，无非给生产工具赋能而已。

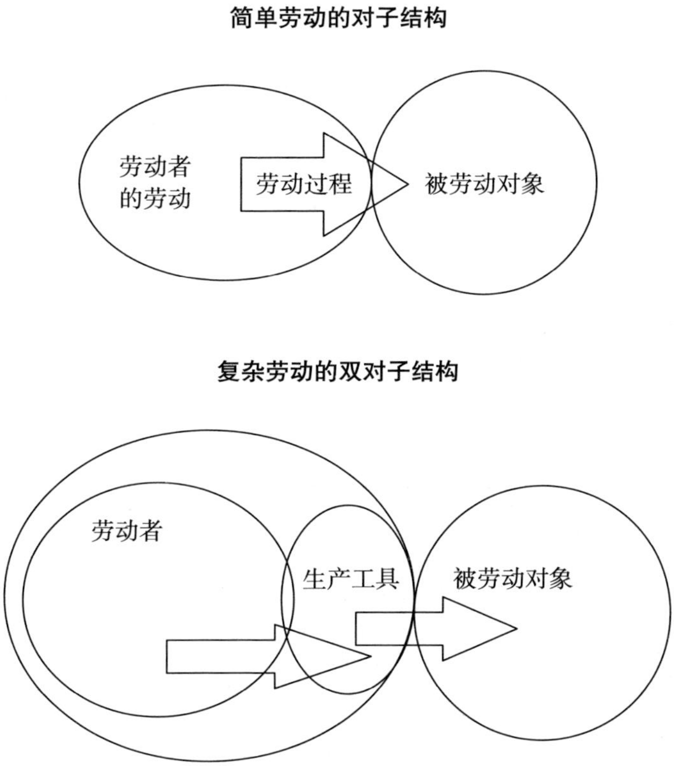

图1　从简单劳动向复杂劳动演进

假定以“会使用生产工具”为人类纪年，那么，我们就可以说，人类“会使用生产工具”是从0到1，即从无到有的跃迁，因此，“人”也进化并成了人。而人类从“有人”之初至今，做了什么事情呢？人类至今的历史，无非就是一个摆脱体力劳动的历史。但人工智能出现之后，这个过程就彻底结束了。人工智能的出现，使人类体力劳动被智能制造所彻底地替代成了现实。

当人工智能的时代到来之后，就劳动参与“主体”而言，这种关系就更加复杂了，形成四个主体之间的关系，即劳动者、人工智能、机器和被劳动对象。而劳动过程，也被分化成三个部分，即劳动者—人工智能、人工智能—机器、机器—劳动对象，待智能发展到一定程度，智能和机器或许融为一体，我们称之为智能机器。这似乎又回到了一个复杂劳动的过程，但是看起来如此，劳动关系已经回不到劳动者—机器（或智能机器）—劳动对象的时代了。在人机分工的主导下，人类脱离了体力劳动，成为专注于技术创造和文化生产的劳动者，即人类劳动分为智力劳动和智能制造劳动。智力劳动，已经跃迁为一个独立的劳动。而在传统的复杂劳动中，技术仅仅是一种推动社会经济发展的生产力而已。就此而言，人工智能到来之后的这个时代，是一个完全不同于之前人类社会的大时代。

人类脱离了体力劳动之后，这种体力劳动被智能制造所替代。如此，人类利用先进的技术，将物理能量之力替代了人的体力。如此，在一个智能制造过程中，人和智能制造之间的劳动量的对比变成了0比1。通俗地说，就是人类只需用大脑干活（思考和创造）就可以了。人类从古至今，从有生产工具到人工智能的出现，人类的体力劳动和劳动对象之间的劳动量的对比，从曾经的1对1的劳动量，终于跃迁并变成了0对1的劳动量。这种对比，虽然看起来是单纯的物理上的力——体力的改变，但对人类而言，这是人类从0到1的本质改变，是人类进化史上的本质跃迁。这种关系，我们可以通过图2中人工智能介入下的生产来表达。

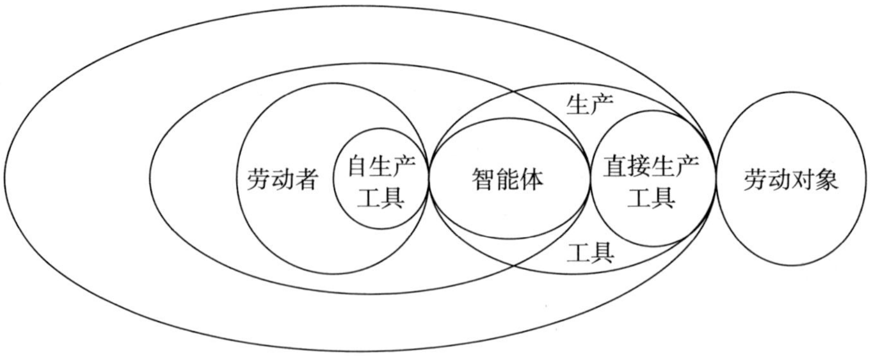

图2　人工智能介入下的生产模型

我们再回到简单劳动，说明为什么生产工具的改变能够提高生产效率。如图

1所示，人类从有生产工具到大工业时代的生产模型，即假定人类历史有200万年，则这个过程就完成了一件事：获得了工具，并使用工具。我将这种使用工具的劳动称为复杂劳动，不使用工具的劳动则是简单劳动。虽然人类发明蒸汽机是一个伟大的技术跃迁，但是，这个过程，仅仅是给生产工具的赋能过程。

为什么采用了劳动工具能够提高劳动的效率？简单劳动和复杂劳动有什么区别？就是使用工具和不使用工具的区别。工具，在我们人类看来，尤其在传统认知中，就是生产力。实际上，从单纯的物理角度而言，我们可以将之粗犷地理解为物理学的杠杆效应，如图3所示。

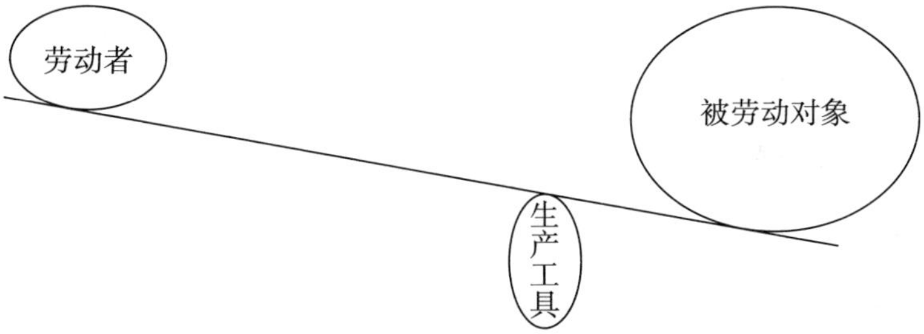

图3　生产工具介入劳动后体现的生产效率示意

生产工具介入简单劳动之后，形成了复杂劳动，由此，劳动效率表现为大于或小于或等于1的效果。有了工具，人类的种植能力加强，就有了农业和畜牧业的分工。一些农业基础差的地区居民仍然只能依靠自然生存，大河流域的居民则成了农业居民。欧洲地中海附近的居民，他们既不能依靠农业也不能依靠畜牧业，只能通过交易来实现生存，于是就有了原始的商业。

有了生产工具之后，生产工具也在进行着技术的跃升。首先是生产工具硬度的跃迁，从不打磨的工具，到能打磨的石器工具或骨器工具，然后人类进入了青铜时代，又进入了铁器时代。人类进入铁器时代之后，原始手工业开始发达起来。但是再发达的手工业，因为生产的量太少，生产的第一目的仍然是自给自足，仍然无法满足更多人的需求。此时，越精细的手工生产，需要耗费的人工则越多。

直到欧洲第一次工业革命，人类才获得技术上更大的跃升，即生产工具从硬度的增加变成了能量的转换。这次工业革命的根本作用，就是给机器赋能，从而大大加强了人类生产的能力。如果说简单劳动的劳动者与劳动对象的劳动量对比是1∶1，那么手工工具可能是1∶n，而能量时代的劳动者使用的机器之间和劳动对象的劳动量对比，则是1∶无限。在手工业时代，手工业产品不能满足人类需求，人类不得不以土地为生存依靠；而工业时代的到来，使人类逐渐摆脱了土地对人类的束缚，一下子跃迁到工业时代。

之后，电气化革命，即第二次工业技术革命浪潮，是向能量可被控制时代的过渡时期（从自动化到自动化），以及能量类型改变的时代。这个时代是一个渐进期，而不是突变期。在这个时期，那些从事工业生产的大企业家完成了资本的原始积累，西方经济学家则据此判定穷人和富人“理想”的分配比为2∶8。

计算机和信息化到来的第三次技术革命浪潮，即第三次工业革命，并没有使体力劳动消失，但是，自动化生产已经成了可能。信息控制技术给自动化生产置入了无形之驱动，大量的单纯体力劳动工人开始离开工厂，工厂里越来越多的是技术工人，或者配合技术生产的工人。

信息化给人类带来的另一个副产品是互联网，人类可以自由地穿梭于虚拟和现实之间。这不但创造了新的人类生活，而且催生技术更快地向前跃迁，于是很快，人工智能降临人间。

人工智能降临人间之后，如图2所示，人类的生产模式彻底改变。原来，人类的劳动关系是三维的，即劳动者—生产工具—劳动对象。现在，人类的劳动关系是四维的，即劳动者—人工智能—生产机器—劳动对象。

人工智能“剥夺”了人类的体力劳动。人类的传统劳动，是机械的、比较单纯的物理性劳动，这种劳动方式借助物理性的原理，逐渐解放了人类身体即体力劳动。时代跃迁，人工智能替代人类直接指挥机器劳动，而人成为间接的指挥者。

即在图2中，机器成了人工智能的生产工具；人类则丧失了对生产工具的直接指挥权。

人类从直接的体力劳动中脱离出来之后，怎么通过劳动去实现自己的价值，怎么生存和发展？我认为，人类唯一的劳动方式就是创造性的劳动。在过去，人的劳动虽然也是创造性的，但是更多的是一种比较机械、习惯性的劳动，创造表现为偶尔的"行为"。但是现在，创造成为人类的核心劳动。人类消耗体力的目的，成了单纯的娱乐和锻炼等，是为了精神上的快乐或身体上的健康。未来人类从事生产的过程，就是使用大脑并消耗大脑"能量"的过程。

"创造的"劳动包括两项内容：一是技术创造和科学探索；二是文化创造。前者是发明和发现，后者是文化、艺术或娱乐方式的创造等。此时，人类将凭借什么创造呢？当机器成了人工智能直接指挥的生产工具之后，我将大脑称为人类自己的"自生产工具"，人和人的大脑形成一个新的生产系统——基于技术和文化创造的生产系统。根据人类左右大脑的特性，我们可以勾勒出人类自生产工具的图谱（图4）。

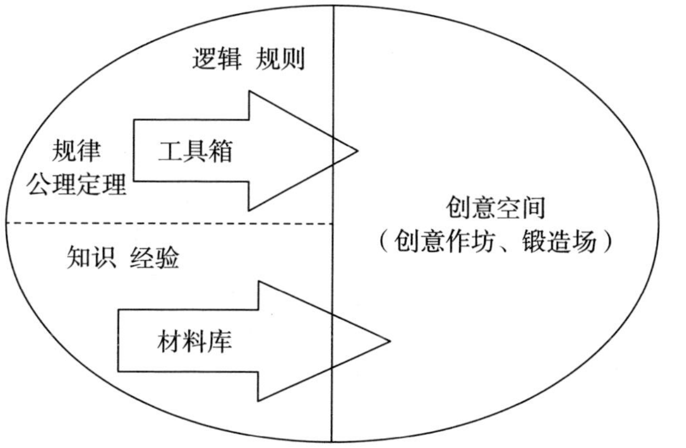

图4　人类自生产工具

在图4中，人类的右脑是创意大脑，是人类的创意空间、创意作坊；左脑是工具大脑、逻辑大脑，也是记忆储存大脑，是人类知识材料的仓库。互联网是人类创造的外在虚拟空间，这个虚拟空间是人类这个天然创意作坊的外挂辅助装置，给人类输送新的知识系统，提供交流的外部空间。

在过去，我们仅仅将技术当作生产力。而未来，技术将独立作为一个可生产的产品和可以交易的商品存在。在之前，人类的技术创造更多体现为个人的、偶尔的创造发明；而在未来，技术发明和文化创造则更多是集群的、系列的创造。

通过上述的分析，在即将到来的时代，人类的生产形成了两个互相联系又可以独立的生产系统。一个是基于技术生产和文化创造的生产系统，其生产的是独一无二的智慧产品——技术或文化。另一个则是智能制造的生产系统，这个系统替代人+机器的生产模式，成为人工智能+机器的生产模式，生产的仍然是传统的商品。因此，虽然人工智能介入了这个生产系统，但仍然是传统商品的生产系统。

假如人类之前的生产是“+机器”的生产。而现在，则是二重的，第一重是技术和文化的创造和生产；第二重是人工智能对传统商品的生产，即智能制造生产。在这两重生产中，前者生产的产品——技术或文化被注入第二重的生产中，形成了可推动的生产力。在从属关系上，我将后者的生产模式称为前者的附庸性生产。技术和文化的创造是人类未来的核心生产，而人工智能所指挥的生产则是技术和文化生产的附庸。技术生产和文化创造从传统生产中剥离出来，实际上已经跃升为第一产业，工农业和畜牧业整合后形成智能制造业，则滑落为附庸的第二产业。在未来，人将专注于技术生产和文化创造；而人工智能则辅助人类进行技术生产和文化创造，辅助人类制造“传统商品”。

虽然是附庸，但技术和文化生产与智能制造之间又可以各自独立生产。比如，一个团队发明了某种技术并申请了专利权，这个团队就可以凭借技术，以专利许可的形式许可那些没有技术的人来生产，如现在的苹果公司和富士康公司的代工模式。另外，有的技术生产可以直接形成无形的产品，比如微软公司的程序员们生产的程序软件，就是直接以软件版权通过收费许可的模式直接交给客户使用，而不用通过工厂生产成有形的产品。就此而言，技术的生产是可以独立于传统商品生产的，而传统的商品的生产——智能制造则要依赖于技术，但智能制造的生产过程中又有相对的独立性。

在未来，将逐渐出现基于智能制造的、私人定制的技术作坊，一些大的生产工厂将逐渐被这些作坊取代。这看起来是人类生产模式的“退化”，实际上是人类生产的大进步。因为人工智能的操作能力，不仅仅体现在微操作技术上，还有力大无穷、耐高温、耐酷寒等优点。这些特点，将使传统的大工厂生产模式被逐渐替代。比如，利用人工智能操控的机器人，可能会在一个很小的空间范围内独立生产制造出一辆汽车来。这很难吗？也许相应的技术不用100年就会实现，而且这个智能制造过程在不到1000平方米的操作车间就可以实现。因此，未来的生产，是“浓缩”了，而不是扩大了。这种技术+智能制造的私人生产作坊模式如图5所示。

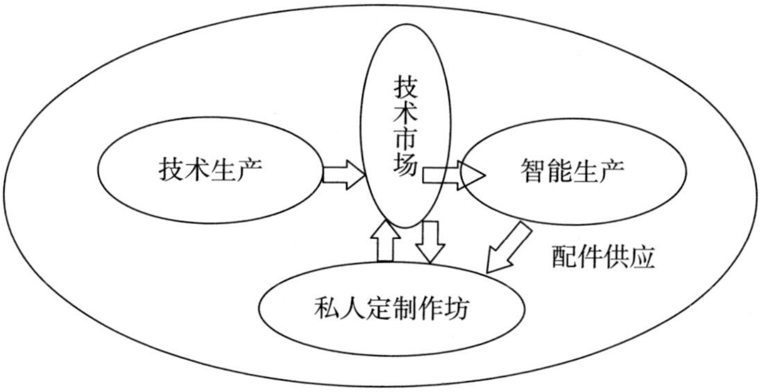

图5　大技术时代的生产模型结构

上述生产模型，正在逐渐演变中，也许在不到100多年的时间就会实现。当然，演变的快慢，取决于人工智能技术的跃迁程度。但是最终，笨重的“超级工厂”将被“科技作坊”所替代。这一点毋庸置疑。

这种改变是颠覆性的。技术将被剥离出来形成独立的生产系统，智能制造越来越小型化、智能化。现在的那些大型重工企业如通用公司会甘愿放弃大工业生产——传统商品的生产，而专注于技术生产并将技术当作核心商品来生产和交易吗？

现在有些公司已经对此进行了布局，如微软公司、苹果公司，这些公司专注于技术——无形商品的生产。

为什么会这样？！因为智能制造车间没有利润。传统商品的生产，是能量+人工智能+智能机器的生产。在这个生产系统里，无论是用西方经济学还是马克思主义政治经济学解释，利润都将逐渐被压榨到几乎为零。如果传统的“+机器”的生产为工业生产，未来的历史将逐渐证明，工业生产、农业生产、畜牧业生产——这些整合后被称为智能制造和运输业，将是世界上最没有利润的市场。

之所以我在此不厌其烦地讲解未来的生产模式，是因为实际上我认为我们遇到了一个千载难逢的大时代。这个大时代，人工智能专家称之为AI时代，其仅仅是人类大时代的起步，而整个的大时代，我称为大技术时代。

大技术时代，是那些从事知识产权工作的专利代理人和律师的春天。豫龙律师事务所正在打造一个强大联合的知识产权律师和专利代理人及相关服务者的团队，试图适应并迎接这个春天。我希望，这个律所从事技术推动和知识产权相关的人员，能够突破上万人。

大技术时代，是一个淘汰不思考的人的时代，是一个创造的时代，一个平台经济的时代，更是一个智力资本家的时代。而这个时代，不仅仅需要科学家和文化大家的创造，也需要我们社会服务者对服务模式进行颠覆和重构，以适应大技术时代的需要。

2 平台经济的运营模式

大技术时代的生产模型，是智力创造+智能制造的双重生产模式。其中，智力创造是核心，专注于技术生产和文化创造，以及对科学领域进行探索。人类商品交易模式的结构是什么？这个问题，早在信息时代一开始就有了答案，这个答案就是平台交易模型。

在未来，人类生产的核心商品，不是一台电脑，也不是一辆汽车，而是蕴含在电脑、汽车等有形产品里面的技术以及文化。或者说人类的核心产品就是技术产品和文化产品，这是人类的第一步生产。第二步生产，则通过人工智能来完成，最终形成完整的有形或无形的商品。

在大技术时代的一个生产交易系统里，生产者和消费者处于两端。生产者将生产的技术或传统商品如电脑或汽车等，放在一个平台上交易，消费者根据自己的喜好，通过订购的方式完成自己的购买和消费。这是基础交易模型——平台交易。那么，律师、会计师们在生产和交易环节的哪一方呢？我们在这个模型的哪一边呢？

在大技术时代的生产交易平台系统里，要首先区分出生产者、消费者，然后区分出平台提供商。当然，还有一类人，即为生产、消费以及平台交易商提供服务的人，就是我们传统的服务者。因此，未来的生产交易平台系统里将有四类人，即生产者、消费者、平台提供者，以及为上述三类人提供服务的人。严格地说，平台提供者也是服务者，但是平台提供者在生产交易系统里，是可以单独列出的一个子系统。按照这个模式，我们可绘制一个生产交易的系统模型。

在图 6 中，生产者占据人类生产交易系统的最顶端，属于生产链条中的顶级市场，是核心生产的提供者，专注于技术生产和文化创造。而智能制造所产生的商品则是最没有价值的，这种商品在未来是附属搭配的商品。这一点大家可能还难以接受，但这是大技术时代的基本经济特征，不以人的意志为转移。在之前的时代，技术是作为核心竞争力的“附属物”搭配销售的；而在未来，传统商品即智能制造商品则是附属技术而搭配销售的。买商品就是买技术，随着大技术时代的深入，这个转变将逐渐被所有人接受。

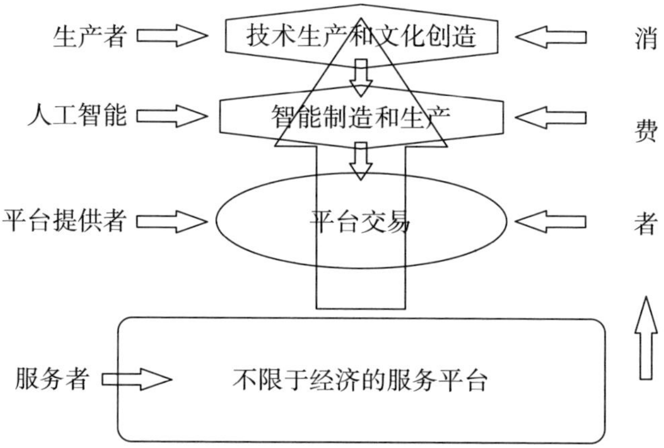

图6　大技术时代生产交易平台

上述的平台是叠加式的。在图 6 中，我将之浓缩为一个扁平化的平台系统。这个平台系统，可以包括虚拟交易平台系统（网络平台）和现实交易平台系统。在未来，现实交易平台系统和智能制造车间是一体化的。这个交易系统和人工智能车间以及技术服务人员，共同构成了一个私人定制作坊，这个作坊可能在一个城市里，也可能在一个虚拟的网络空间里。即私人定制作坊＋生产基地模式，是未来的人工智能销售＋生产的主要生产模式。私人定制的商品不是某个成套的或流水线的商品，而是独一无二的、专属自己所有的商品。这种专属性是通过各种技术的组合实现的。然后我“购买”这些技术许可，再由技术营销人员交付人工智能机器完成这个私人定制。这就是未来的平台交易和生产模式。

在一个平台交易生产模式中，首先要有被许可授权生产的技术，然后通过平台私人定制技术、作坊的技术人员交付人工智能，再通过智能制造生产定制商品，最后交付商品，基本上没有中间商。当人类有了平台交易，并有了智能辅助生产之后，人类的生产和交易模型看起来复杂了，实际上大大地简化了，简单到从平台直接到终端消费者。

在上述平台模型中，我将服务者放在了最低端，之所以如此，是因为若将未来之服务理解为一个大的服务概念，整个社会除了智力创造者，其他从事工作的人将都是服务者。

那么，生产者是不是服务者呢？因为这些生产者和传统的生产者（大机器和纯手工生产）不同，他们是进行智慧创造的。从事发明创造的人，在传统产业划分中也是服务者，提供技术的传统第三产业的服务者。另一类人，比如文化创造者，如歌唱家、小说家同样也是服务者，这是给人类提供文化、娱乐产品的服务者。按照传统服务业划分，我们由此推定，未来所有生产者都是服务者，即服务者=消费者。未来之人类，左手提供消费需求，右手提供服务。只不过在细分职业下提供的服务内容不同而已。这是我们从广义的角度理解人类服务。

从狭义上讲，基于人机分工之后的颠覆和重构，智力劳动——技术生产和文化创造将跃升为第一生产，智能制造成为第二生产，剩余的则作为服务业存在。未来的基本生产结构简化为智力创造+智能制造+平台服务。这里的智能制造业，囊括了工业、畜牧业和传统运输业，因此，我们也可称之为智能制造和运输业。这里的平台服务业就是除智力劳动和智能制造之外的服务业。大技术时代的这些服务者，我称为平台服务者。由此，技术生产和文化创造从服务业中剥离出来，独立并跃升为了第一产业，服务业不再包括技术生产和文化创造。

在大技术时代，无论是国家还是企业，都将技术交易的收入从GDP或企业营收中独立划分出来，作为一个单独的分支来核算。在国民经济核算中，将技术生产和文化娱乐当作一个独立的产业来核算，之后，服务业在GDP的占比将下滑，下滑的还有整合后的智能制造业。但随着大技术时代的深入发展，服务业在GDP的占比将持续回升。这是人机分工下的必然结果。

总之，在大技术时代，服务业将是平台模型。服务业不仅仅是分离出来技术生产和文化创造那么简单。服务业本身也将围绕平台经济发生颠覆和重构。在此背景下，如果我们从事服务业的人——如律师等不能适应发展，或许将被淘汰。

3 人机分工：生产者、平台提供者和服务者

假如没有电、计算机、互联网、人工智能，一切变化就没有了基础。而电、计算机、互联网、人工智能则是第二次、第三次和第四次技术革命浪潮给人类带来的福利。正是因为这些技术带来的跃迁，人类社会发生了翻天覆地的变化。而人工智能时代的到来，彻底地将这种变化演变成一个大时代。新的大时代被计算机专家称为智能AI时代，而这个AI时代仅仅是一个开端，人类将迎来一个大技术时代。

大技术时代的到来，是一场颠覆和重构，是一场彻底的社会分工大变革。一些计算机专家以及具有卓越见识的经济学家，描绘这次社会分工时，引入了计算机的术语，称其为人机分工。

人和机器的分工？难道人类要和“它”分工吗？确实如此。人类历次的分工，都是人和人之间的分工，而不是人和机器的分工。这正是我说此时代和之前的大

时代不同的原因之一。人类的历次分工，如种植业和畜牧业的分工，工业和农业的分工，商业和工农业的分工，商业和金融业的分工，以及与从这些产业衍生出来的服务业的分工等，都是人类的产业分工，和冷冰冰的机器毫无关联。现在，人类怎么和机器分工呢？

在人机分工的推动下，人类的所有产业，都被浓缩为三个部分即智力生产、智能制造（智能生产）和平台服务。我们可以将人类生产进一步简化为生产+平台服务业两大行业。这是人机分工下的一级社会分工。

一级社会分工，将人类分为生产者、平台提供者以及服务者。这些生产者、平台提供者和服务者同时也是消费者。未来社会是“人人为我，我为人人”的大服务、大消费时代，而人工智能则是这个时代人类的智仆。基于人机分工，未来社会将分为四类人。

人机分工驱动下的一级社会分工，将在生产领域形成双重叠加的生产模型，即智力创造+智能制造的生产模型。其中，我们可以将智力创造，即技术生产和文化创造当作第一产业，将智能制造当作第二产业。其下是平台服务业。但平台服务业不是生产体系，而是交易体系，因此属于第三产业。

一级社会分工下，技术生产者和文化创造者是金字塔尖的人，即第一类人，我将这类人称为智力资本家，他们依靠直接的技术或文化创造来实现自己的人生价值，创造社会财富。比如，比尔盖茨和苹果公司，以及很少有人知道的美国高智公司，这些公司依靠创造技术或交易技术实现自己的公司价值。当然，也有一些独立的创造者，还有一些松散的创造者联盟，这些人不以公司的形式出现。

在大技术时代，智力生产是人类发展的核心动力源，也是核心生产方向。所有人，只要想通过劳动来实现自己的价值；所有的资金，只要想实现更高的价值；所有的项目，只要想追逐最大的利益，都要围绕并为上述金字塔上的这群生产者提供服务。这是未来大技术时代的基本经济趋向。如果市场是趋利的，那么市场就要围绕技术和文化创造而运转，这也是基本的经济法则。

第二类人，平台的提供者，属于仅次于金字塔尖的一部分人（或机构）。在第三次和第四次技术革命浪潮下，催生形成了平台经济，并涌现出如马云和阿里巴巴、扎克伯格和脸书、贝索斯和亚马逊等标杆性人物和企业。到了AI时代，这些机构还将获得进一步的迅猛发展，但最终在社会价值的创造总和上，它或许将低于金字塔上的那些人。

第三类人，是社会中为上述生产者和平台拥有者提供服务的人。这些人又包括，一是为秩序提供服务的人，他们是政府机构的公务人员；二是为生产、消费和平台，为居民、企业和政府提供服务的人，他们是第三方服务机构的工作者，我统称为社会服务者。我们律师就在第三方服务职业群体中，关于这个群体，我将在下一节具体讲述。

第四类人，则是从事传统工业、商业、农业生产的人。这些人将被未来淘汰。在中国，还存在大量的批发市场、大型超市、大型商场，这些都是未来将被淘汰的产业或行业。实际上，对商业的颠覆，在互联网时代已经开始，而到了大技术时代，所有的商业都将纳入平台经济之下，传统商业将逐渐消失。因此，批发市场、大型超市、大型商场如若不过渡到互联网+平台的模式，破产是不可避免的。但这仅是第一波破产的浪潮。

卷入第二波破产浪潮的是那些没有技术产出的传统工业。工业生产将被人工智能替代整合为智能制造业，一个商品的生产过程，除了技术外，无非能量+机器人+原材料而已，在这个生产过程中，有什么利润可言呢？人类既然要撤离生产的一线，那么，利润也将随之离开一线的生产。在未来，企业的利润，集中堆积在技术生产和文化生产之上。

农牧业的走向，是农业智能化和生态化。在智能化和生态化的过程中，注入的是技术，而不是人工，农民不再是那种面朝黄土背朝天的农民。

根据我对大技术时代的推演，传统的工业、农业、畜牧业和运输业，以及商业的一部分，将重构为智能制造业和运输业。之所以把运输业和制造业合为一体描述，是因为运输业就替代人工而言，和智能制造业没有什么区别。在这两个行业里，都是能量+人工智能+机器作业。唯一的区别在于，在制造业里有原材料加工而已。

无论是生产商还是传统商业的企业主们，越早看到这些问题的人，就越应该提前给自己找好出路。这些传统企业，是转向技术的生产和文化的创造呢？还是成为平台供应商和服务商呢？在未来，只有这两个行业才有真正的利润。

由上所述，从价值创造的视角而言，我们可以这样看待人机分工下的结果，即第一类人生产技术创造文化，第二类人搭建平台运营平台，第三类人提供服务，第四类人生产产品。在这里，我只是从价值创造的视角来对人进行分类，并以理智的眼光去穿透人机分工的实质。

人机分工之后，技术生产和文化创造者是成功率最低的人。

中国的技术转化率和技术生产的质量，远不能适应未来大技术时代的需求，这是非常可怕的一件事情。

平台供应商，其失败之概率并不比技术生产和文化创造者的低。比如互联网平台供应商，表现为那些独一无二的平台提供者，第一个独一无二的平台提供商将占据市场份额的80%以上，至少50%，第二个跟从者则可能在20%以下，至于那些第三个、第四个，则成为末流。这就是平台经济的残酷性。所以，平台供应商必须具有自己的特质，否则，也是被淘汰的对象。

就此而言，技术生产者和文化创造者、平台供应商，是经常面临失败、破产的人。技术生产者和文化创造者就是智力资本家，智力资本家和平台供应商应该也必须成为社会财富的核心控制者。只有这样，人类才能将智力资本家和平台供应商作为社会发展的核心发动机，迎接一个技术大爆炸的辉煌时代。

4 服务业的未来（一）：服务业的分工

在传统分类上，从事技术创造和文化创造的人属于大服务业的范畴，甚至商业也属于大服务业的范畴。但是，大技术时代的人机分工将技术创造和文化创造剥离出来，跃升为第一产业。人机分工又将传统的工业、农业、畜牧业和运输业打包规整为一个新的产业，即智能制造业和运输业，“沦落”为第二产业。人机分工，将平台商业从传统商业中剥离出来，并将商业里面的运输业剥离给了智能制造和运输业，整合为平台业。社会行业分工为技术和文化创造业、智能制造业和平台服务业三大行业。平台业包括网络平台和社会服务平台，这些仍然属于第三产业。平台服务商，包括网络平台提供商和社会平台服务商两大类。这里单说社会服务业的分工。

社会服务业按照传统的分类属于第三产业。第三产业将整合为平台业。平台分为网络服务平台和社会服务平台，社会服务业就属于社会服务平台的范畴。我们完全可以将一国为建立秩序而设立的公共服务系统当作一个平台系统来运营，即国家通过秩序平台的搭建，给一国之内的人、企业提供服务，这种服务具有实现社会公平和推动社会价值的功能。若如此，我们就可以将服务业划分为公共服务业和社会服务业。社会服务业分为公共服务平台和市场服务平台，后者统称第三方服务平台。但在经济学意义上，因为公共服务业并不直接并禁止其直接参与市场行为，公共服务业并不属于社会经济分工的范畴。

站在大技术时代的背景下，当我们提倡服务型政府的时候，将公共服务纳入社会服务业来看待，并以平台化的理念来运营未尝不可。在未来，政府职能将向技术化、法治化、服务化、非行政业务外包方向转变。所谓技术化，即国家将利用人工智能、互联网等新技术，在提高政府监管力度的同时，通过技术对国家进行治理和服务，同时一些技术部门将吸纳更多拥有技术资格的专业化人才；所谓法治化，即国家将由更多拥有法律执业资格的人来进行执法活动，以提升法治专业化水平；所谓非行政业务外包，即将非技术类、法治类的常规业务，比如登记类业务，外包给专业第三方来完成，从而实现真正的简政放权。

将国家提供的公共服务纳入服务中的一个行业类别，甚至将其平台化，或许将引起社会争议。但是，从未来大技术时代的视角而言，十分必要。关于国家机器无非“为公民和社会提供服务的机构”的类似理念，已经被越来越多的人所认知。政府公共服务，从法律的视角看，就是一个国家和公民达成的一种契约，这种契约约定，公民缴纳一定的税收，然后国家通过政权的形式给公民提供服务。就此而言，政府就是也应是契约的、服务的和法治的政府。这种服务，具有两种职能，一种是管理服务职能，即通过制度输入，使国家或一个城市处于一种秩序的状态；另一种是价值推动服务职能，即通过制度输入和服务，增进民生福祉。

一个服务型的政府，应围绕社会公平和市场价值提升来设定并执行制度和政策。关于前者，我们都可以理解。对于后者，即关于“市场价值提升”的理论，就是所谓的制度经济学。在大技术时代，我认为制度经济学将大显神威。比如，基于大技术时代的技术生产和文化创造，我们如何以围绕市场、技术生产和文化创造本身的原理来设定制度，并因此推动经济的发展？大技术时代的核心生产就是技术生产和文化创造吗？这些都是制度经济学关注之要点。

再说第三方服务业。在大技术时代，社会服务业在人机分工之下将被颠覆并重构为平台服务模型结构。这表现在，一是各种服务机构的服务者，将向专业服务者或机构发展，通过各种资格确认某个人的专业性；二是随着社会需要，将细分出如法律＋心理咨询师、法律＋财务的更多种类的服务者，这实际上是专业化和技术时代双重需要的结果；三是在上述变化的基础上，各类专业处于一种跨界、融合、细分的趋势，从而最终汇聚为各种类型的社会服务平台。这是大技术时代的大势所趋。这些服务者，统称为第三方服务者，服务者机构，统称第三方服务机构。

第三方服务机构和服务者存在的意义在于：一是通过服务推动社会和市场处于一种秩序稳定、安全的状态；二是通过服务推动市场价值的提升。当然，这些服务者和政府公务人员不同，他们按照市场的运营模式将服务细分为一个个的服务产品，通过自己更精准的职业服务获得社会财富从而实现自我价值。

基于社会秩序的稳定、安全，在大技术时代将衍生出更多的细分专业。比如社会矫正师，我认为这将是一个非常大的服务产业。社会矫正的对象，将不再局限于那些刑满释放或者被行政拘留人员，还包括那些诸如陷入网瘾的人，以及需要社会给予一定帮助、救助的对象。

一个合格的社会矫正师，至少应该熟悉法律、心理学，并具有较丰富的社会经验和良好的社会洞察力，以及具有发自内心的真诚善意等。我认为社会矫正是一个非常专业的领域，所以应该由一个协作的团队完成。比如，一个社会矫正团队，可由社会矫正师、心理咨询师、律师，甚至就业培训师等专业人才组成。仅仅社会矫正工作，就可以为国家提供大量的服务业岗位，更重要的是，这些人将成为维护国家秩序稳定的第三方力量。

市场细分就是对某服务+某服务的重构过程。我曾经和多个心理咨询师交流。他们认为找不到业务，认为心理咨询师这个职业没有前途。我告诉他，第一，所在的城市不够大，这个城市给人的压力还不够大；第二，我们这一代人还不能接受“心理咨询”的疏导，因为我们这一代人的心理太强大，或习惯于找政府来解决问题；第三，我们还不够专业，仅仅能为客户提供心理咨询，对社会之实践缺乏，国外的心理咨询理论和方法在我国并不完全适用。我认为，心理咨询业的发展在于和律师等联合，在于“心理咨询+”的跨界。

在大技术时代，服务业将走向细分化、精准化、产品化和系统化，不是单个职业就可以大包大揽。就如社会矫正师，实际上就是一个具有多种专业内涵的职业。而在经济价值推动领域，更是如此。

基于价值推动的服务细分，可从“大众创业，万众创新”的视角来理解价值推动，看这个方向的服务市场细分。实际上，在创新领域，需要创新导师、专利或技术分析师、专利代理人、知识产权律师、股权律师、法税律师、会计师、税务师等多个职业的共同协作，才能真正实现创新推动的目的。

5　服务业的未来（二）：服务业的细分

站在律师的视角看，我始终认为，律师跨界站在两个职业共同体之中。一个是法律职业共同体，这个共同体包括法学教授、立法者、司法者、执法者、律师等；另一个是服务者共同体，包括会计师、税务师、心理咨询师等（见图7）。就法律服务系列而言，律师兼具社会公义的守护职责，通过守护一方当事人的权益而实现社会公义的目的；就一般社会服务而言，律师又具有市场服务之使命，即通过对规则的运用实现守护客户权益和推动客户价值提升的目的。

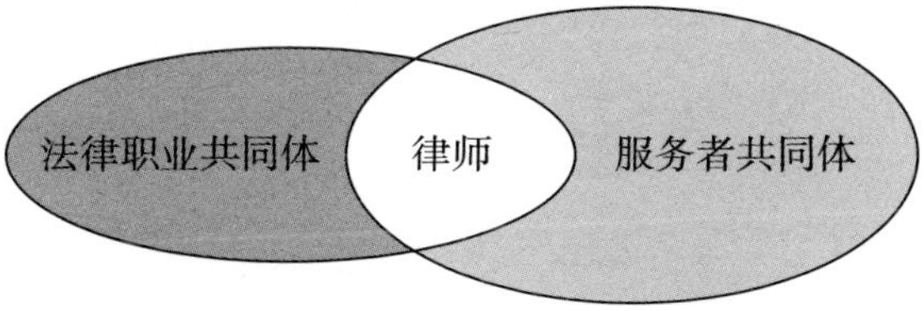

图7　跨界的律师：法律人和服务者

在大服务体系中，政府的公务员、律师和会计师等通过不同的服务，整合形成一个社会大服务体系。在大服务体系之下又可分为两个服务体系，一是政府的公共服务，二是市场化的社会服务。现在，我将律师作为和会计师一样的一般服务者，看单纯的市场化的社会服务。然后，我们站在大技术时代的视角，来看社会服务这个市场如何细分。

为什么要对服务业市场细分？在对未来大技术时代推演的基础上，我认为单纯的法律服务、会计服务等，已经无法满足大技术时代发展的需要。通过上述分析，在人机分工的推动下，人类的生产模式已经衍化为智力创造+智能制造和平台服务的生产。社会的服务者，如律师、会计师等这些专业服务者，甚至包括家庭保姆等这些一般服务者都存在于智力创造+智能制造和平台服务这个生产模式中，问题是他们存在于哪个环节，这些服务者又以如何的组织模式来给社会和生产提供服务？

在大技术时代，仅仅通过一个律师而不是团队来为社会生产和生活提供服务，会稍显乏力，甚至会感到无所适从。未来虚拟平台+区块链的商业模式，将促使经济交易中的纠纷越来越少，标的额也越来越小。诉讼自然越来越少，也没有太大价值。区块链技术的目的，就是促进社会诚信和交易安全，交易安全了，还要律师诉讼有什么用？就此而言，如果律师职业不重构，律师职业消失不是危言耸听。同样地，会计业也存在类似危机，大数据本身就可以构建完善的会计系统，虚拟网络空间里本身就是由系列的规则和数据组成的、可计算的严密的会计结构图，会计业务通过虚拟网络就生成“会计报表”了。人工智能取代会计人工，已经不是问题。所以律师和会计师只有站在为平台服务、市场细分和联合的基础上，才能找到出路！

这个出路就是基于市场化需求的“服务+”模式。所谓“服务+”模式，也就是服务业的细分，如“律师+会计+X”的模式。根据某个具体的市场，打破职业限制，打造专项的服务系统，实现服务专业化、系统化、专项化、平台化。

6 服务专业化是一个系统工程

什么叫服务专业化？律所从事的也是服务业。在豫龙法律团队推广专业化时，我们经常提到的一个词就是“流程节点”管理。在对服务市场细分的基础上，进行流程节点管理和运营，就是专业化的过程。所谓专业化，无非在流程节点管理的基础上，让更专业的人做更专业的事。

流程节点就是将一个案件或服务项目当作一个系统工程来管理或运营，即将案件或服务首先进行拆分，大系统分为（子）小系统，小系统分为大节点，大节点分为小节点。每一个节点有每一个节点的知识内容和能力要求。将适合的人放在最专业的位置，最后统一地办理一个案件。完成了这个系统流程，就叫专业化。而完成这个流程的关键和前提，就是系统拆分和系统管理。所以，专业化的核心就是系统控制。进一步说，所谓流程节点，就是服务市场和服务内容的系统化。

先说服务市场。整个社会，无论是学习、生产、生活和娱乐，乃至政府秩序服务领域，都存在需要我们服务者去服务的市场。或者说，在大的系统上，我们将整个社会划分为一个大的系统——服务市场系统。然后，我们对这个大服务市场进行细分，划分为若干的、可以进行市场化运营的子系统，在子系统下继续细分，直到没有办法细分为止。我们可以设定一级服务市场，分为居民服务、企业服务和政府服务三类市场。再进行二级划分，将企业服务划分为生产、智能制造、平台提供的服务三类。在这三类服务基础上，我们还可以继续细分。总之，我们要细分到最终有市场需求的程度为止。

再说服务者主体本身，我们可称之为服务共同体。这个共同体整合在一起，就是一个系统。按照传统模式，服务共同体具有各自的独立系统。但这种各自独立的时代一去不复返了，因此我们就先要假定将整个服务者群体整合为一个系统。在这个假定的基础上，根据细分后的市场，看每一个细分的市场中需要哪些专业服务者参与，我们就设定什么服务+什么服务的服务组织模式。这样，整个系统就完美地对接起来了。

在服务业的市场细分乃至流程节点控制体系搭建中，最核心的是系统控制专家。在未来的专业化服务过程中，系统控制专家及系统论思想不可或缺。因此，我们经常对项目负责人、案件管理部门、律师学院等相关团队成员普及系统控制论的知识，我认为这是专业化的必修课。

系统控制理论产生于20世纪中期。中国的一些大型科研项目研发就使用了系统控制论思想。著名科学家钱学森就是这个方面的专家，他曾经出版过《工程控制》《论系统工程》等多本书介绍系统控制理论。但是这些书比较专业，对于大多数文科出身的律师来说比较晦涩难懂，我推荐大家看《钱学森讲谈录》，比较通俗易懂，其开篇的文章就是《世界就是由大大小小的系统集合》，钱老鼓励创新者要一开始就养成系统思维的习惯。

在一个大型技术研发项目中，系统控制专家的角色非常重要。系统论的价值在于，将大技术的研发放到一个系统里，对任何异常或误差都容易发现并矫正。

所有的专业化，无论是法律服务还是其他服务，都是一个系统，都要厘清节点并按节点管理。在某个方向的专业化过程中，一个或几个关键性的、具有系统思维的服务专家是必不可少的。这些专家的任务，就是在面对一个复杂的案件或项目系统时，通过流程节点管理将之简单化。

无论是诉讼还是顾问，无论是专项法律业务还是平台法律业务，若从系统论的层面看法律服务市场，那么它就是一个无限复杂又无限简单的市场。说复杂，比如离婚案件可以细分出若干离婚案件的类型，根据每一个案件制定流程节点，然后按照专业化流程模式系统地办理这些案件。说简单，是因为案件经过系统梳理后纳入流程节点管理系统，这些案件在分拆出节点后，每一个节点都是清晰简单的。

当我们将每一个法律服务产品都当作一个系统来开发、运营和管理的时候，我们才会明白一个律所需要什么样的人才。比如，在豫龙法律服务团队中，律师学院、案管中心、各项目负责人都是我们的精英人才。基于市场需求，按照系统论思想，这些人不停地研发越来越多的法律服务产品，然后成立一个个基于法律服务产品的部门，任命懂得并会运营这个产品的人来当项目（部门）负责人。我认为，在一个专业化过程中，产品研发的过程就是梳理流程和节点的过程，就是系统化的过程；专业化项目运营的过程，就是项目管理和监督的过程。

哪里有市场，哪里就有专业化。对于专业化，我们应严格按照系统思维来运营。比如，县域的生产企业很难聘请到博士们为他们专职地搞技术研发。很多生产企业想搞技术研发，但是缺少人才支撑；他们或者想到高校去委托研发，但是他们又不知道从何下手。此时，就缺少一个纽带。如何将县域或非中心城市的技术研发和高校的研发对接从而推动县域技术的发展，我们提出了研究院托管模型，即我们知识产权团队负责对县域和非中心城市的生产企业（自愿的）技术市场调研、专利及市场分析、技术研发对接（如与全国各地高校及科研机构）、专利申请、专利维权、高新技术认定、工程技术中心孵化等；我们的财税法团队帮助县域中小企业在省会注册成立研究院，聘请专业人士参与技术研发，对研究院进行基于财税法和人才的管理托管；我们金融和股权法律服务团队部门对技术提供资本运营如专利抵押贷款、上海科技板上市辅导等服务。如此，以知识产权团队为核心，我们组建了一个新的法律部门，研发了一个新的法律服务产品，我们称为中小企业研究院托管法律产品。如此，便解决了中小企业人才稀缺的问题，形成了一条龙的知识产权法律+财税法等服务。

7 服务业的未来（三）：融合，一个更大的服务市场

关于律师的专业化，以及服务市场的专业化，我曾经有过认识的误区。之前，我认为专业化的前提是要有专业化的人，而专业化的人则需要通过这个人取得的资格证书来确认。正是基于这种认知，当我试图提升律师团队的专业化的时候，就鼓励律师们考取法律之外的各种资格证书，凡是通过一个资格证书都有奖励，甚至高额奖励。在律师招聘的时候，一旦我发现这个被招聘的律师除了法律职业资格证之外还有其他资格证书，我会亲自接待招聘者，给这个人设计未来的法律+专业方向的职业规划等。结果是，10多年来我们律所的双证律师，甚至三证、四证律师的人数大增。但是，其他的律师事务所、会计事务所或专利事务所呢？是否能够复制这一模式呢？有人对我说，这个模式很难复制。起初我认为这是对我的赞美，我颇为自豪，但是现在想来，一个不能复制的模式，永远不是一个好的模式。假如律师什么都会，那些会计师事务所、心理咨询所等第三方机构又如何生存呢？跨界融合又有什么意义呢？

一旦将服务过程当作产品的系统生产过程来认知的时候，我们对服务业的专业化认识便豁然开朗了。比如在一个生产系统里，难道需要每一个员工什么都懂吗？所谓的专业化，无非一个服务项目的管理者，按照系统管理规范操作，将不同专业的人放在最适合的岗位和节点上。对专业化人才的正确认知，应该是不拒绝并鼓励一个专业服务的人拥有多个和其业务方向有关联的专业资格证书，但更专业化的运营，还是依靠不同的具有专业资格的人的跨界、融合来完成。

当所有的律师事务所、会计师事务所都蜷缩在自己的领域内做服务的时候，对于满足客户的多专业跨领域业务需求就力不从心了。而当我们的服务者以系统思维和平台思维整合在一起的时候，一个更大的服务市场就出现了。

比如高新技术企业认定业务，在业务实践中，这个业务不是由专利事务所或

者具有专利代理执业许可的律师事务所来做的，而是由会计师事务所来做。但是，我认为由会计师事务所做这个业务比专利事务所更不专业。虽然会计师事务所能够拿到这类业务是因为这个业务需要出财务会计报告，企业理所当然地认为这是会计事务所的业务范围。但实际上，在高新技术认定的关键条件中（企业研究开发组织管理水平、科技成果转化能力、自主知识产权数量、销售与总资产成长性）只有最后一项与财务稍有关联。因此这类业务更接近专利事务所的业务，但遗憾的是，专利事务所很晚才关注这类业务，现在整个社会已经习惯于让会计师事务所做这个业务了。

关于知识产权的业务，不仅限于高新技术企业认定，类似的业务还很多。比如知识产权贯标业务、技术创新联盟业务、工程技术中心申请业务。如果让一个会计师事务所做这些，显然是不专业的。我们站在中立的位置上看，上述每一项业务都是系统的、综合的业务，需要律师、专利代理人、会计师等专业人士来共同完成，才能够真正地帮助企业实现价值推动。

现在社会已经出现一些资讯公司、服务公司等第三方机构。这些机构本身既不做律师业务，也不做知识产权业务和会计业务，但他们把为企业服务的业务分类，然后聘请专门的营销人员做营销，再将这些业务外包给律师事务所等第三方，自称一站式企业服务平台。这些机构获得了成功，甚至成了上市企业。这些机构之所以能成功，关键在于他们融合多种服务的功能于一身，从而能够给企业提供系统化的服务。

我认为在大技术时代，律师和会计师等专业服务机构必将融合在一起，成为现实服务平台系统。虚拟平台系统和现实平台系统又构成未来大技术时代的完整市场平台系统。

所以，融合是迎合大时代的必要。假如律师事务所、会计师事务所都能向前跨出半步，以一种联合后类似公司化运营的模式组成服务者联盟，才能爆发出真正的推动力！虚拟的互联网永远无法替代现实的专业服务商；而专业服务商的联盟加上虚拟的互联网，才是强大和完美的服务！

融合是历史的大势所趋，服务业融合对经济具有推动效应。在法律界，政策开始允许注册会计师成为特殊的普通合伙律师事务所的合伙人。作为实验特区，海南省第六届人民代表大会常务委员会第十四次会议于2019年9月27日通过的《海南经济特区律师条例》，让我们看到了公司化运营和服务业融合的希望。该条例，其一，鼓励具备条件的律师事务所实行公司化管理，按照国家和本省有关规定设立公司制律师事务所（第15条）。其二，注册会计师、注册税务师、注册造价工程师、专利代理人等其他专业人员可以成为特殊的普通合伙律师事务所的合伙人，但其出资份额和人数比例不得超过25%，不得担任律师事务所负责人（第18条）。其三，除诉讼和仲裁代理业务外，律师还可以依法接受委托办理招商引资、商标、专利、商事登记、不动产登记等各类非诉讼法律事务。律师接受委托办理的法律事务，不受地域、行业的限制。但法律、法规另有规定的除外（第34条）。

律师和专利代理人的融合早已经实现，国家知识产权局率先给律师事务所打开了一个通道，允许有专利代理人资格的律师事务所成为专业的代理机构，律师事务所不但可以代理法律业务，而且可以做专利业务和其他知识产权业务。

基于我们自身发展的需要，我倡议更多的律师事务所、会计师事务所，在共创、共享、共利和合法的基础上，形成一个服务业共同体。

8 服务业的未来（四）：从系统思维到平台思维

我将律师服务业分为四个层次，诉讼业务和顾问业务基于权利维护是常规业务层次，专项服务和平台服务基于价值推动并包容诉讼和顾问业务，是更高的服务层次。然后我将专业化分为诉讼专业化、顾问专业化、专项服务专业化和平台专业化，这其中的任何方向的专业化，都值得律师作为一生的职业选择方向。专项服务专业化和平台专业化，应以平台为地基。诉讼专业化、顾问专业化，也应以系统化和平台化为地基。因此，律师应具有系统思维和平台思维。

诉讼和顾问与法庭、维权息息相关。法律顾问最好是做过诉讼业务的，这样能将风险节点把控得更到位。但是专业化之后，则不绝对。比如，擅长谈判业务的专业顾问律师，或者擅长公司结构和战略布局的专业顾问律师，我认为都可以不以诉讼为基础，这些专业顾问律师对其他交叉知识的掌握更重要。做诉讼和做顾问不必然以平台为基础，但如果做专业化的诉讼和顾问，则必须进入一个系统平台或综合平台里，必须具有系统思维和平台思维。而系统思维和平台思维就是学科交叉思维、跨界思维、融合思维。

专业化的诉讼，没有系统思维是做不好的。为了做好诉讼的专业化，我所在律所专门成立了一个案件管理部，是专门为诉讼服务的，将来还要为非诉讼、为系统平台和综合服务平台提供服务。

案管部最初是在法院和检察院案管中心的原型基础上构建的，但是我设想的案管部的职能范围大于它的原型。我将案管部门当作诉讼专业化过程中的系统总指挥，他们的职能在诉讼专业化领域就是先细分专业。比如，一个民事案件部门可能有交通诉讼业务、银行诉讼业务、建筑诉讼业务等专业诉讼部门，需要将每一个诉讼部门细分之后做标准化处理，具体界定某一类案件中标准的、系统的接案文书和诉讼文书怎么写，诉讼技巧是什么，要收集哪些证据（基础性证据）等，这是横向的细分。在横向系统中，将诉讼、民事、合同解除等业务进行分类，形成一个系统的逻辑链条；在纵向系统中，则体现为一个具体案件的流程节点，节点细化到使办案律师依流程操作不会出现逻辑错误、事实错误、程序错误、法律错误的程度，基于系统管理，使律师在细节上不能出现原则上的错误。这就是专业化，其基本目的是设置无错机制，首先是确保案件不能出现原则错误，其次才是提升个人能力。专业化的市场细分和流程节点的设置及管理，则是律师事务所要做的事情。专业化以搭建团队为前提，团队搭建后，给团队输入系统思维，梳理流程节点，然后进行系统管理和运营。

无论是诉讼还是别的法律服务的专业化，无论是法律服务还是别的服务的专业化，系统思维都很重要。团队的系统思维，首先就是专业细分思维，即按照系统将每一个服务内容细分到不能细分的程度，这是横向的；其次再将这个细分的服务项目纵向地细分为不同的流程节点；最后就是按照流程节点来执行和监管这个系统的运营。这些工作，将由团队负责人和合伙人来完成，其他团队成员也可以参与。那么，具体服务的承办者做什么？在团队的系统思维之下，承办者对应的就是个体的钉子思维，在一个专业化服务中，承办律师或服务者实际上就是一颗颗螺丝钉，被安置到最适合他的岗位之后，就要严格按照流程节点操作，发挥自己的专业优势。因此，系统思维不是简单地做专业化的思维，而是搭建平台、框架系统，细分项目和节点，然后才是执行。

假如我们以系统思维来看待法律服务，法律顾问业务也可以专业化。我的一个顾问单位是一家医院，以前的顾问是一个医疗事故律师。按照常规来说，这家医院聘请医疗事故律师做顾问是比较专业的。但是，这家医院下属有几所医院，其领导层管理的核心方向实际上已经转向了战略运营，管理比处理医疗事故更重要。他们还需要一个股权、公司治理专家做顾问，所以我们律师事务所就和这家医院签订了一个综合性服务的顾问业务，即将医疗事故专家擅长的部分仍然交给医疗法律专家，同时将这个医院的法律问题分为战略重构、招投标、建筑、知识产权、合规审查、医疗诉讼、其他诉讼等。

顾问单位不但可以专业化，也可以平台化。我认为，律师事务所的顾问单位越多越好，其具有转化为平台的无限延伸效应。因此，对于那些虽然是中小规模但是具有成长性的企业，我们可以收费低一些，然后与这些企业一起成长。在这个思维上，我们发起了一个“20企业俱乐部”平台，并将其纳入智董会平台之内，这些企业都是在各县域（区）范围内具有成长性、技术性的企业。这看起来是赔钱的事情，但期待这些企业与我们一起成长，给这些企业提供公司治理、知识产权、商标和品牌、财税和税务等系统性的服务。谁敢说未来这里面不会有几家上市公司呢？我认为这恰恰是在专业化、系统化、平台化服务的支撑下，地方律师事务所未来发展的大方向。

在某种意义上，系统就是专项，专项就是系统。所谓系统，无非将一个可能成为专项的服务完善起来，并提供最完美的服务。而平台，则是根据市场选择和需求将一个个系统整合起来，成为一个平台；或基于平台思维合并在一个平台之下，根据需要，搭建各个服务系统，形成市场需要的平台。所以，系统里面有个小平台，平台之下则是一个个由小平台统领的小系统。看起来系统和平台没有什么区分，但平台思维和系统思维的着眼点还是不同的。

如果系统思维的核心是一站式服务的专业化，其强调的是专业化服务；那么平台思维已经不仅仅强调专业化，更强调的是平台服务。即平台思维强调的是搭建服务市场需求的平台，并对平台进行管理、监督和维护的过程，而不是直接为某个具体的系统提供专项服务。术业有专攻，平台思维专攻的是平台本身。一个平台提供者可以帮助系统内的相关者，搭建各种系统，但是在原则上，不直接参与平台上的每一个系统的具体的专项业务，至少不全部参与。

这个问题看起来似乎是清晰的，但是做起来会比较复杂，涉及律师事务所和团队律师的关系，即律师事务所做什么，团队律师做什么的问题。这里的团队律师，我们可以称为专项律师，即做某个专项的律师。五年前，我一直困惑于这件事情，律师事务所的团队律师和律师事务所是一种什么样的关系呢？当时在我的内心深处，对专项律师、平台律师、平台律师事务所等思维还不成熟。

在专业化的鼓励下，五年前，我们律所的专业部门已经相对完善。但是这些专业部门在投资结构或者发起主体方面还比较混乱。如何解决系统结构的混乱问题，整合各个部门的关系；如何通过平台搭建为律所服务，而且给社会提供更好的服务？此时，我们引入了平台思维。从系统思维到平台思维，是一个专业化和平台化的跃升。

在系统思维和平台思维的影响下，2018年，豫龙律师事务所召开合伙人会议统一认识，形成决议。即律所只做三件事情：第一，帮助律师们搭建各种平台，帮助各个律师事务所搭建各种专业平台，并为他们提供平台服务，然后形成联合；第二，帮助律师之外的服务者和律师一起搭建各种平台，并形成联合体，为他们提供平台服务；第三，利用平台为社会提供专业化或平台化的服务。同时，我们还设定了一个禁令，即无论是律师还是会计师等，只要在我们平台下，禁止这些服务者向自己的客户进行投资性经营，从而保持平台的纯洁性、公平性和安全性，从而真正实现权利维护和价值推动的目的。

在这次会议上，合伙人决定将律所定位为平台律师事务所，并开始对律所进行平台重构。在部门重构前，需要做三件事情：一是合伙人重构，二是行政管理平台重构，三是案件管理平台重构。

基于平台思维，我们先对合伙人组织结构进行重构。律师事务所在有限合伙的基础上，将合伙人结构调整为三个层：最高级是普通合伙人，这类合伙人承担律师事务所的全部责任和风险，具有最高决策权，核心体现在一票否决制度上；第二级是一级合伙人，是律师事务所层次的有限合伙人，这类合伙人只投资，不承担投资外的风险，一级合伙人也可能是律所一级部门的普通合伙人；第三级是二级合伙人，属于项目合伙人，即我们原来的部门团队合伙人，这类合伙人可能是律师事务所的二级合伙人，也可能仅是项目合伙人，他们是某个系统服务平台的发起者、投资者、管理者、运营者，这些人专注于做系统，专注为客户提供系统化、专业化的服务。除上述合伙人之外，我们还将诸如注册会计师、专利代理人作为特殊合伙人纳入了编制，称为管理合伙人，这些人参与项目的管理，通过管理实现利益，比如他们可以通过案件营销实现利益，公众号、头条号、网站等都是他们在运营。

合伙人结构是平台模式的基础。接着，我们搭建行政管理平台。现实管理部门平台化，这个比较容易。早在10多年前，我们律所就引入了管理托管的概念，即将整个律师事务所的行政业务托管给雇用的会计师和税务师们，管理和业务分离是我们将律所较快平台化的一个优势和基础。

管理部门平台化，就是在管理上托管给专业的管理人员，然后管理人内部组建合伙人体系。早在多年前，这些管理人就成立了第三方服务公司，通过管理平台的搭建，这个公司就成为豫龙律师事务所的管理平台公司，豫龙律师事务所和这个管理平台公司签署正式的平台管理协议。这个公司将为其他律师事务所、会计师事务所、专利事务所等提供平台管理服务，为社会提供平台管理服务。律所或其参与成立的相关平台搭建到哪里，这个平台的管理服务就提供到哪里。在行政管理模式上，第三方服务公司是独立运营的。这个公司提供的业务包括：人力资源管理、案源拓展、活动筹划、行政管理、内勤管理、财务管理等。凡是和法律业务无关的事情，都是这个平台管理公司的事情，出了问题，根据平台管理协议，责任由第三方公司承担。

三件事情完成之后，我们要求各个业务部门进行平台重构。第一，每个部门有各自的平台名称。第二，这些团队建立各自的业务平台体系，如公众号等，从而形成一个个小平台。第三，在整合律所资源的基础上，联合其他对口专业部门组成联盟体，如法律税务团队和创想税务师事务所等机构联合。第四，各个部门在律师和管理服务公司的支持下开展各种活动。第五，将上述行政管理业务交给管理服务公司，将案件管理业务交给案件管理部门。各个小平台只负责活动参与和业务办理。

如此，豫龙团队完成了从系统思维到平台思维的转变，从专业部门搭建到大小平台的搭建，为豫龙律师成为平台律师奠定了基础。案件管理平台和第三方服务公司的行政管理平台是综合性的大平台，可以给其他非法律服务机构及精英从业人员提供服务，更可以给客户提供服务。

9 服务业的未来（五）：从虚拟平台到现实平台

目前，全国还没有一家平台律师事务所，而一些网络法律服务平台、综合服务营销平台，甚至一些专门为律所提供服务的法律服务公司，却在全国遍地开花。为什么地方性的综合律所不可以转变为平台律所呢？

现在的服务平台都是虚拟平台，而不是现实平台。将律师业务、知识产权业务、财税业务甚至金融业务融合到互联网平台上来营销，实际上已经不是简单的系统或综合服务模式的叠加，而是平台服务。从系统到平台是服务模式的跃迁。但是，这是缺少服务内容的平台服务。如何将在网络上虚拟的服务，延伸到现实中呢？看似是一个渐近的过程，其实相去甚远。因为现在大多数虚拟服务平台都没有现实的服务实体来支撑。

服务产品如财税法服务等是否可以搬到网络上来销售呢？我的答案是：很难完全实现。这种成功或许在于偶然。网络市场只是服务销售市场的一小部分。服务者机构只有搭建自己强大的现实平台而不是虚拟平台，才能够真正占领庞大的服务市场。尽管如此，基于网络服务的法律服务平台、会计服务平台、商标服务平台等，仍然如雨后春笋般地出现了。

网络销售对服务业来说只是小市场。比如，有一个法律服务平台会将自己的营销市场定位于个人或中小企业，因为对于它们而言，只需要提供一般的法律服务就可以满足需求。因此，当一个律师从百度、头条等新媒体获得资讯信息的时候，不是咨询多于委托，就是获得的咨询业务的收费大于委托律师的收费。因此，这些平台并非毫无价值，只是这些平台销售模式不是主流销售模式，属于辅助性营销模式。进一步说，更多的法律服务产品还需要通过其他途径实现。曾经国内的法律服务平台多达数百家，为什么至今仅存十多家？原因就在于此。

在虚拟网络平台中，将律师业务、知识产权业务、财务业务甚至金融中介业务综合起来的平台是基于服务业的网络综合服务平台，平台只是他们运营的一部分，这些运营商核心的营销模式是通过网络接案件。

消费习惯决定营销模式。简单的网络平台展示营销无法满足财税法这些专业性很强的律所的发展，更不能满足一个大的专业服务机构，如地方的大型律所的发展。那么，如何实现服务市场的营销，并且达到扩大服务市场的效果呢？服务业者搭建自己的服务平台是一个重要途径，也将是未来的核心营销模式。或者说，我们作为专业服务机构打造的真正平台是现实中我们自己的服务者（机构）和服务者（机构）联合的平台，或是基于某个专项的系统服务的平台，或是综合平台。

我将致力于开创某种专业服务机构，称为专项服务平台机构。整合了多个专项服务平台服务的机构，则称为综合性平台机构。就如网络平台一样，有的基于专业性服务机构的网络平台，是专项平台（如法律顾网等），有的是综合服务平台（如猪八戒、顶呱呱等）。现实的平台也分专项和综合平台。

专项服务平台的优点在于，作为专业化领域的专家，它们专注于追求流程的完美，以达到客户最终要的结果。但是系统平台的缺点则在于，可能流失大量的案源。这个问题对于地方服务市场而言是十分重要的。就如上面提到的，在一个县域之内，如果一个律师事务所只做离婚案件或者做专业化的婚姻家事平台服务，这家平台可能会小到只有2—3位律师的规模。

综合性平台能弥补这个缺陷。在一个综合性平台里，如果存在若干个系统平台，那么婚姻家事服务团队获得的刑事案件案源，可以通过平台转到刑事服务团队，知识产权案源转到知识产权团队，通过综合平台的运营完美地弥补这个缺陷。

但问题是，这个平台的组织架构是什么？这个平台如何建立利益共享机制和客户利益冲突审查机制？等等。下节先谈共享模式。

10 服务者以服务者的负熵为食

综合平台和系统平台的案源流转体系，称为平台共享。当以计算机、互联网为基础的第三次技术革命浪潮开始之后，人类就进入了平台经济时代。平台经济的基本特征就是平台共生、平台共享。所谓共享，就是互为生产者、互为消费者，这在服务业中体现得更直接，专业化将使每一个服务者都需要对方的肩膀。我将这种现象称为“服务者以服务者的负熵为食”。

奥地利物理学家薛定谔有一个解释生物界共存现象的观点，叫“生命以负熵为食”。我也引入这个概念，认为作为服务业及其市场而言，最大的市场在于服务者以服务者的负熵为食，并据此解释服务业的共生共存共享现象。

将熵的概念引入市场学中，我们可以理解为：市场的总量是一定的，即一定阶段内的市场总量是不变的。而第二定律却给出一个不是“悖论”的悖论：能量只能不可逆转地沿着一个方向转化，对人类来说是从可利用的到不可利用的状态，从有效的到无效的状态转化。而熵就表示这种能量被消耗的状态或消耗的量（参数）。

人类作为生命系统中的高级系统，更懂得“相互以负熵为食”的道理。而服务业也必须走向它的高级阶段，即“服务者以服务者的负熵为食”的阶段。

所谓“服务者以服务者的负熵为食”，简单理解就是服务者在为社会提供服务，吸食、弱化社会生活和生产形成的熵增的同时，在服务者和服务者之间形成的一个共生共存共享的生态化服务结构系统。在这个生态的服务系统内，服务者之间互相依赖。

我们将技术生产和文化创造业，乃至宏观的大商业剥离出服务业之后发现，这种“服务者以服务者的负熵为食”的依赖性将更强。

首先，人类未来将围绕技术生产和文化创造以及平台经济形成服务体系，而这种服务体系需要更专业化和更精细化的服务，即每一个服务者需要至少精通一个方面的服务，只有这样才能减少技术生产和文化创造的无用功，增加效力值。其次，上述要求的服务必须是系统的服务，系统的服务则要求不同方向的服务者如律师、会计师以及心理咨询师等联合起来提供服务，因此服务业首先必须形成系统的联合。最后，在联合过程中，一个专业服务者对另一个不同专业的服务者的依赖性增加，这表现为客户推荐和专业能力推荐等。而这个推荐的过程就给其他服务者带来了机遇和正能量。

此时，我们可以更好地解答，为什么目前的律师事务所甚至会计师事务所不能做到真正的公司化运营模式？不能做到专业化？第一，因为每一个人什么都会，他们不能做到“服务者以服务者的负熵为食”；第二，因为每一个人什么都不专业，他们各自没有能力做到“服务者以服务者的负熵为食”；第三，因为谁也不给谁介绍“案件”，所以实际上他们没有做到“服务者以服务者的负熵为食”。上述三句话看起来是语义反复，实际反映出我们对时代发展的不适应。

因此，中国要实现服务业的大发展，中国的服务业要适应未来大技术时代的需要，不改变、不重构是没有希望的。而改变的关键词，就是跨界、融合、专业化、系统和平台。

11 综述：服务业的未来（六）：跨界与融合

判断一座城市、一个社会、一个国家、是否足够发达，是否具有未来性，至少有两点是不可或缺的。一是它的生产、市场细分程度；二是它的服务业进步程度，尤其是服务业细分的程度。后者，是现代社会更明显的标志。而生产细分、服务细分以及因此带来的市场细分等，所依赖的知识基础就是“+模式”。所谓“+模式”，在学科上叫交叉学科；在思维上叫交叉思维；在实践运营中，是学金融的又去学法律，或者学金融的找学法律的人去搭伙共同创业。对于第一种现象，我们称为跨界；对于第二种情况，我们称为合伙和融合。

我曾经读过上海交通大学马德秀教授关于大学发展的一本书，叫《变革与超越》，马教授在介绍如何创建一流大学的时候，多次强调要“学科交叉，集成创新”，“学科交叉是创新的源泉”。学科交叉正是市场细分的基础。所谓学科交叉，就是学科的“+思维”，如鼓励金融的学法律，法律的学金融，医学的学机械，计算机的学法律。这样分别产生了诸多交叉学科，并真正实现了社会层面的学以致用。比如，让学计算机的学法律，可以做专利分析、区块链模块的法律框架设计等，而这些都是服务行业中极其缺少的实践性学科。在学科分类上，我认为专利分析属于法律+计算机+情报学+专利+技术的跨专业业务。

中国政法大学的张苏彤教授是专门研究法务会计的，可谓中国法务会计第一人。他鼓励律师学会计专业，称为法务会计，还鼓励会计学法律专业，也称为法务会计。法务会计师的主要工作是舞弊调查。比如，在一个企业如何发现财务异常，如何抓住从公司拿走非法利益的员工。我有幸成为张苏彤教授培养的一个法务会计师，我又鼓励我们律师事务所的多人通过了他的法务会计师培训。其中，我记忆深刻的是法务会计中引入的本福特定律，该定律说明从实际生活得出的巨量数据中，以1为首位数字的数的出现概率约为总数的三成，接近期望值1/9的

3倍，越大的数，以它为首几位的数出现的概率就越低，它可用于检查各种数据是否有造假。本福特定律，则最初来源于统计学。我因此将法务会计当作法律+会计+统计学+心理学的一门交叉学科。

延伸一下，本福特定律十分有趣，可以用到营利性机构的成长上，或国民经济的发展上，我们也可以引用到一个集体企业的成长上，并据此给其设置股权。比如说，中国的夫妻店是比较多的，在其人员规模的发展过程中，突破1人到2人非常容易，他们本来就是夫妻店，但突破5人以上则难度逐渐加大，突破10人则难度更大；而一旦突破10人再到20人又变得容易，到了50人之后难度再次逐渐加大，以此类推。一个公司的经济增长值其实也有类似的规律，这是本福特定律在企业发展中的正常反应。而要想突破，就要通过制度模式等各种因素的注入。作为一个股权专家和公司治理专家，我据此引用这个规律，给家族企业的发展设置了一个发展阶段模型，如表1所示。

表1　本福特定律下的家族企业发展模型

发展阶段	模式	雇工	资产额	制度模型	家族企业控制模型
起步阶段	夫妻店	1—5人（含家人）	50万元以下	没有制度	完全控制
规模化开始	公司化阶段	10—50人	100万—500万元	简单制度	有限控制
跨越式阶段	多元化或专业化	100—500人	1000万—5000万元	制度完善	非核心成员逐渐退出
上市前阶段	规范化阶段	1000—5000人	1亿—5亿元	制度健全	外来控制进入
上市	社会化阶段	1万人以上	10亿元以上	公开披露	家族基金控制

使用交叉思维可以将各种学科知识融会贯通。在表1中大家可以发现，5以下的人数和财产资产额都是比较容易实现的。根据本福特定律，5以上的数字如5、50、500、5000等，则是很难跨越的过程。

只有建立学科知识基础上的交叉融合，才能产生专业细分，同时给客户的服务才更专业。家族企业如果合理设计和布局，是可以实现跳跃式发展的。若假定民营企业平均年盈利率不超过5%，其贷款承受能力不超过10%的利率，一家家族企业想要发展，当它达到50万元盈利规模的时候，若将利润都用来支付利息，一家资产规模在50万元的企业可以在当年实现500万元的融资而不会崩溃。但是因为原来的实际利润只有5%，贷款500万元可能超出了他承受的利润范围，于是在这个阶段是否能够找到更低利息的资金替换就成了关键。假如寻找到股东合作，就可能获得稳定发展，如果一直使用高利息则可能破产；或者寻求另外的出路，比如提高市盈率，若年收益超过10%则仍然可以获得稳定的发展。尽管如此，若这家家族企业没有经过从5—9的跳跃，没有给自己积累的过程，这样跳跃式的发展仍然是极度危险的。

为了使家族企业在发展中规避风险，实现稳定的价值提升，专业的第三方服务机构介入就十分必要。比如，第三方服务机构会对这家家族企业在不同阶段贷款、融资的容量进行综合评估，并据此设计融资渠道、融资模式等；给这家企业在不同阶段设置不同的制度；协助这家企业在财务、税收上实现系列的价值推动方案；为其提供知识产权服务，使技术成为这家企业的动力源；等等。总之，专项的或综合的服务会使某家族企业实现跨越式跃升。

我国目前的专业服务机构缺少专业律师——跨界律师。同时，缺少“律师+会计师+”的跨界融合服务机构和服务者。而通过平台思维，跨界和融合以学科交叉思维为基础和实践。跨界和融合必须首先是实现学科交叉知识的融合；其次是实现各个服务机构的半步跨越，与其他服务机构的融合；最后是共同联合发起建立一个平台机构。

第四章

从事业合伙人到平台事业合伙人

在大技术时代，人类基础的生产和交易模式是“智力创造+智能制造+平台交易和服务”。这个模式我们也可以理解为大技术时代的生产结构。有什么样的生产结构，就应有什么样的组织架构来与其相适应。那么在大技术时代，人类生产和运营基础的组织模式是什么呢？根据本章的推演，基于有限合伙的事业合伙人制度，是大技术时代的组织结构。这种组织模式，不仅仅适合创造者、技术生产者和文化创造者，而且适合平台机构，也适合高端服务领域——各类精英服务机构。

我将那些基于智力创造的事业合伙人称为创造型的事业合伙人；那些基于服务平台方向的合伙人称为平台事业合伙人。本章将在探究人类生产和交易的基本组织结构的基础上，分别对创造型的、平台型的、服务型的事业合伙人框架进行逐一探讨。对技术生产企业的事业合伙人的探讨，尤其希望在股权、基金、知识产权三个法律服务方向的专业服务者能够详加理解；至于平台事业合伙人，希望试图转向平台律师运营模式的律师合伙人和律师们能够详加关注。

每个时代都有不同的组织架构模式与之相适应。反之，不同的组织架构模式能够折射出拥有不同的体力、技巧、资本、技术、服务之人在组织架构中的话语权。对人类历史不同生产组织架构的梳理，寻找适合大技术时代，尤其是我们服务业的组织架构模式，将对服务业的发展起到无与伦比的推动作用。对此，我们不妨溯源得更久远一些。

1 传承、竞争与合作：从人类的生产组织模式开始说起

手工业时代的基本生产模式为手工业作坊，基础的组织模型就是家族传承。原始而传统的作坊，一般是家族性的，其核心的生产力是独有的生产技巧或所谓“秘方”。

合伙大约到宋代才开始普遍起来，而且合伙的场景大多不是手工业作坊，而是集中在商业方面，即所谓的合伙做买卖。

在欧洲，尤其是地中海沿岸商业贸易发达，基于契约的合伙关系很早就出现了。在欧洲有两类典型商人，一类是阿拉伯人，另一类是犹太人。前者做生意是家族式的，或者说做生意是拿着部族的钱做生意；而后者则是合伙式的，拿着大家的钱做生意，挣钱了大家分。所以，犹太人在非竞争性合作博弈、借势发展以及依赖非竞争性第三方介入打破平衡等方面，具有卓越的眼光和执行力。正是因为他们的合作精神，犹太人被评价为“世界的钱装在美国人的口袋里，而美国人的钱却装在犹太人手中”，“五个犹太人坐在一起，便能控制整个黄金市场”。

西方的合伙在公司制度没有产生之前是契约式的。这种契约可能是口头的，也可能是书面的。犹太商人与地中海的古希腊商人，以及在西罗马帝国覆亡之后的威尼斯等诸城邦的商人相比较，其更善于合作，并善于假借他人的力量实现自己营利的目的。而古希腊商人和威尼斯等诸城邦的商人，则一边通过契约交易又一边不排除诉诸武力以实现目的。

假如说阿拉伯人和犹太人是比较纯粹的商人，那么工业革命时期的英国和荷兰等国的东印度公司这类组织，则是“商人＋国家力量”的结合而形成的“怪兽式”合伙。东印度公司的力量来源于国王（国家）的许可，来源于冒险家和商人之间的合伙，然后公司以国家的名义组织雇佣军在世界各国进行商业贸易。18世纪，英国政府剥夺了东印度公司的权力，这种“怪兽式”合伙才宣告结束。之后，国

家力量不再直接介入公司的运营，而公司也不得以国家的名义进行商业运营。去掉以“国家名义使用强力”的“许可”授权之后，公司这种“合伙模式”却得以保留并在全世界迅速推广。

就全球经济推动而言，公司的出现是人类生产组织从人合向资合的过渡，是生产组织架构的跨越式跃迁。因为，公司这种模式，能够最大限度地容纳资本金，并同时避免投资者投资之外的其他资金被连带其中。实际上，公司被理解为一个能够独立承担责任的法人组织，即在法律的框架内，对外是由公司进行经营行为和承担责任、风险；对内则表现为某种合作的性质。由此，我们也可以理解为人类的生产和商业行为已经从非合作博弈转向了公司内部的合作博弈。

中国公司和欧美公司相比，具有不同的公司治理指向和不同的市场运营机制。如果想成为中国公司治理专家，不但要探讨欧美生产组织架构模式，对各国合伙结构、公司结构等组织架构研究透，更要将中国的合伙结构、家族经营结构以及公司结构进行深入研究。

以中国现有的体系而言，除了个体工商户——家族企业的雏形之外，现有的经营组织结构有三类：一是合作或合伙，这类结构以契约为基础；二是有限公司，这类结构是资合公司，即公司股东以认缴的资金承担责任，公司以全部的资金承担责任；三是股东以认购的股份承担责任，公司资本由股份组成。后两者都是有限责任。上述这三类公司，只是表象的结构，我国多数公司的治理体系都存在不健全或不完善之处。如何引领中国公司走向大技术时代，我认为对民营企业的组织结构深入研究是中国的一个重大课题。

在公司运营的实践中，公司单纯的法人承担责任的方式，可能会导致公司控制人、管理人的舞弊行为，或者他们基于较少的投资却实现了较多控制权，但仅承担一般的责任。这些显然无法保证公司不侵犯股东权利或者其他债权人的权利。因此，20世纪初，基金公司模式出现了。基金管理人管理他人资金，对他人承担无限责任；投资人则仅仅承担其投资额度内的责任。让基金管理人承担无限责任十分必要，因为基金是交给管理人来运营的。一种新的模式，即有限合伙模式开始盛行于欧美国家，尤其是基金管理机构。这种以基金公司为核心的有限合伙模式，大大推动了美国公司的股权（股市）发展，并加倍地拓宽了公司的融资渠道。首先是信托，其次是公募基金，最后是私募基金。信托和公募基金在20世纪末逐渐引入中国。至于私募基金，21世纪初也引入中国。基金模式之外的有限合伙制度，最近几年也逐渐被中国企业了解、接受并效仿。

所谓有限合伙，我们可以理解为人合和资合的结合。即一部分合伙人是普通合伙人，承担连带责任；另一部分则是投资人，仅承担投资部分的责任，其投资限额是有限责任的界限，这点和有限公司的股东完全一样。这里存在双重结构：第一层是合伙结构，第二层是有限责任公司的结构，叠加在一起称为有限合伙企业（机构）。

传统的资合或合伙的组织架构已经远远无法满足时代的发展。那么，当大技术时代到来的时候，有限合伙模式是否适应其发展？我的答案是否定的，这种有限合伙模式，还需要进一步完善。这种不完善，在生产领域体现在谁是掌控者的争议上。在未来，技术、管理也将被当作资本——智力资本来对待，因此，当一个投资者投入的是技术或管理，而另一方投入的是资本，此时谁是掌控者呢？在大技术时代，在资本和技术的合作框架内，有限合伙形式已经不能完全概括容纳技术和管理本身的价值。比如，中国曾经将技术的注册资本金设置为不超过20%，但现在已经突破了此限制。可以预见，在大技术时代，技术投资和管理投资对公司发展的贡献值将远远超过资本投资。若我们将技术和管理设定为人合性质，随着大技术时代的深入发展，其在公司内部范围内和与资本投资之间如果存在不合理的分配，必将形成博弈。

此时，公司制度——包括有限合伙制度已经无法满足时代发展的需要。在这种背景下，事业合伙人制度就产生了。

2　大技术时代：资合落幕，人合登场

我认为，事业合伙人制度是一种生产组织模式。生产组织模式，总是与经济结构和生产力特征等相适应。有什么样的经济时代特征，包括生产力、技术程度和生产结构等，就会有什么样的生产组织模式。因此，探讨与一个时代相适应的生产组织模式，必须在这个时代的经济结构基础上来厘清。而事业合伙人制度，就是顺应大技术时代而产生的最优的一种生产组织模式。

在探讨这个模式之前，需要指出的是，事业合伙人制度在某种程度上并不拒绝甚至容纳了有限合伙模式，是事业合伙人制度建立在有限合伙制度基础上的模式。

当我们用“最优的”指称事业合伙人制度的时候，在大技术时代实际上还存在人类之前的各种生产组织模式。在未来，在“人工智能+”的基础上将重新崛起一种叫科技作坊的生产模式，这种生产模式可能是一人的，也可能是公司制的；可能是家族的，也可能是有限合伙的。

在人机分工的基础上，我推演出了大技术时代的基本生产结构，即“智力创造+智能制造+平台交易和服务”。在这个生产结构中，工业、农业、畜牧业乃至运输业，合称为智能制造业；技术生产和文化创造业从传统的第三产业中跃迁为一个独立行业，即智力创造业；网络虚拟平台和服务业重构为平台服务业，律师和会计师就在这个服务业中。基于这种生产结构，人类未来的体力劳动将向智力创造和平台服务方向转移，在一线生产里，体力劳动将被人工智能所替代。这个转移是人类史无前例的体力劳动的大撤退和大转移。

在大技术时代，人类生产的核心价值将逐渐过渡到技术和文化价值上。传

统的劳动，体力劳动和智慧劳动不可分离。技术生产和文化创造被当作生产力——生产的灵魂，或核心竞争力因素，被注入劳动过程中，从而成为生产的附庸性劳动。但在大技术时代，体力劳动撤离了一线生产之后，在智能制造车间里不再有直接的体力劳动，人类劳动的主要形式跃升为智力创造。此时，智能制造成了智力劳动的附庸劳动。在一个完整的生产过程中，即“智力创造+智能制造”过程中，人类劳动体现为智力创造的劳动而不是智能制造的劳动。在大技术时代，智力劳动从第三产业中剥离出来，从智能制造车间脱离出来，成为人类的核心劳动。按照价值论的基本原理，人类创造价值核心的劳动就是智力劳动；智力劳动，是人类价值的核心。

技术的生产所体现的价值已经从智能制造车间脱离出来，称为相对独立于智能制造的劳动，因此，智能制造的价值就体现在“人工智能体+能量”的劳动；所有的智能制造的过程无非“人工智能+能量”的劳动。机器也好，原材料也好，都最终可以通过“人工智能体+能量”来实现。

人工智能体是人类智力劳动实践的结晶。这种结晶的核心表现为人类技术——人工智能技术。能量涉及两个方面：第一，能量通过人工智能也可以被生产；第二，随着人工智能以及能量采集和储存技术的进一步跃迁，制造能量的价值越来越低。

当我们将技术当作一个可以独立的商品来考察和认知，并将技术的生产价值从智能制造车间剥离之后，其劳动价值就仅仅等于能量采集、储存和运输的价值。

既然大技术时代的核心生产是技术生产和文化创造，从事这类生产之人就是核心价值创造之人。假定我们将技术和文化当作商品来看待，那么这种技术和文化实际就是一种资本，称为技术资本和文化资本；而传统的控制工业生产的资本称为传统资本。传统资本以金融现金的形式购买机器设备来生产，而技术和文化资本则直接就是人本身所蕴含的资本，这种资本表现为一种智力资本。

在一个技术生产和文化创造的过程中，也需要现金的投资，如购买实验设备、电脑等，那么这种资本——乃至其背后的资本投入者，和技术生产者、文化创造者的关系是什么呢？我认为是传统资本附庸技术资本。

在大技术时代，生产技术的人在生产中的地位和价值高于那些传统资本投资者。谁能够生产独一无二的技术，谁就应是那个公司的掌控者；而拥有资本的人，将逐渐被掌控技术的人取代，或者逐渐成为技术的跟随者。就此而言，技术资本在大技术时代是高于传统资本的。

未来的资本者将通过跟随技术创造者、投资创造行为来实现自己的利益。在大技术时代，谁创造了技术，谁将成为第一智力资本家，而传统资本只能成为智力资本的附庸资本。

有什么样的生产模型，就有什么样的组织模式。人类从原始时代到工业时代，开始是强力控制体力（劳动），资本成为强力（秩序）的附庸，谁掌控权力谁就是拥有财富的人，因此，秩序表现为王权的统治，手工业生产在王权的控制下以作坊的形式出现；从工业革命到现在，资本控制人类生产，技术逐渐成为核心竞争力，此时技术成为资本的附庸，谁拥有财富谁就控制了技术和生产，因此，在生产组织上，通过资本多寡来决定管理权和分配权的生产组织模式应运而生。在大技术时代，技术则独立成为一种可生产的商品，核心的生产者不再是资本，而是那些创造者，因此，资本成为创造者的跟随者。那么，此时，应该是什么样的生产组织模型呢？

大技术时代，需要技术控制资本的组织架构。传统的有限公司、股份公司已经不能满足大技术时代的需要。此时，建立在有限合伙基础上的事业合伙人模式应运而生。

有限合伙这种组织形式，是人类在组织架构中向资本控制模式发起的第一场挑战。经过基金公司这类管理人控制公司的有限合伙的市场实战和检阅，充分证明管理作为一种智慧资本可以控制传统资本。这种模式允许那些拥有丰富经验的基金管理人管理庞大的资金帝国，哪怕他们没有那些投资者有钱。于是，西方社会造就了索罗斯这样的基金大鳄，也造就了无数的中产阶级，包括但不限于基金管理人、律师等参与管理的高级专业人。那么，在大技术时代，那些独特商业模式的创始人，技术生产者、文化创造者以及法律机构、会计机构等的创始人，都可以成为这类普通合伙人，从而以普通合伙人的身份掌控他们各自的事业。

事业合伙人为什么建立在有限合伙的基础上，其到底是什么样的合伙？实际上，事业合伙人的“合伙”就是有限合伙里的“合伙”。在生产和服务过程中，基于某个营利的生产或服务组建成一个有限合伙的生产和服务模型，其中技术的拥有者，或者卓越的管理者，构建了一个事业合伙人团队，以事业合伙的形式去运营。而“有限”则是那些投资者，他们仅仅用自己的资金来投资，并不承担投资之外的风险，以有限投资的股东身份来参与项目，实现利润。这就是以事业合伙人为根基的有限合伙制度——一种超越了一般的公司制度、有限合伙制度的生产或服务的组织架构模式。在这个制度模式下，有限合伙以“事业合伙人+有限投资”的形式来运用生产技术、创造文化、搭建平台或提供高端服务。因此，我们可以将大技术时代的组织模式表示为“事业合伙人+跟投者”的有限合伙的组织模式。

大技术时代，资合落幕，人合——基于技术生产、文化创造和精英服务的人的合作时代，终于到来。

3 事业合伙人（一）：事业合伙人的特征

事业合伙人，是一种生产组织模式，即在一个项目运营体范围内，分为有限投资者和普通合伙人。有限投资者仅仅承担投资内的风险，而普通合伙人则承担项目的所有风险。普通合伙人根据投资者、各个合伙人对价值创造的贡献以约定的形式来决定股权比例、分配比例以及管理权限等。这些普通合伙人，是以事业为奋斗目标的人，从而形成一个以某个“事业”为奋斗目标的组织框架体系。在这个框架体系内的、以项目实现作为事业的合伙人，称为事业合伙人。事业合伙人具有下列特征：

第一，事业合伙人是以契约形式形成的合伙关系，这种契约高于章程，并将契约的内容融入章程里。有时候为了强调“事业”的重要性，可以共同签署事业合伙人宣言。

第二，不设定事业目标，仅仅为了钱而运营的“事业”，绝不是事业合伙人的事业。

事业是一种信仰，一种信念，也是一种持之以恒的坚持。当我选择律师作为事业的时候，自由和能够在自己力所能及的范围内帮助别人，是我做律师的初衷。在我创办律师事务所的时候，我将这种信仰和目标总结成16个字：大道德行，诚信守中；渡厄解困，止戈成龙。豫龙定位为平台律师事务所之后，我和我的合伙人又将我们的事业归结为8个字：“权利守护，价值推动。”

第三，事业合伙人依据贡献或未来之重要性设定分享模式。在这种模式中，资本不处于最核心的地位，技术创造者或文化创造者、模式创造者等才是合伙的核心。在无法判断的情况下，那群技术创造者或文化创造者的机构（人），就是体系内的最大价值群体。

第四，事业合伙人，一般以自己人生的全部价值进行投资，包括过去、现在或未来的价值。这是事业的本质含义。

第五，进入的资本拥有者不必然是事业合伙人，但也不反对其为事业合伙人。如果是事业合伙人，那么至少这个投资者必须是资本的持续提供者，直到其个人的全部资本投入其中，或离开为止。否则，他不是事业合伙人，可以成为有限合伙人，仅仅以投入的实际资本对合伙事业承担责任。

第六，事业合伙人生产、创造或运营的方向鲜有重资产项目。比如事业合伙人大部分项目是投资一个网站、生产某项技术（或集群）、创造一个剧本或创建某个连锁系统。

第七，对于事业合伙人，最终成功者必须也应该是坚持到最后的那个（些）人。对于离开者，首先，严禁"叛逃"行为，即将事业合伙人创造的技术或其他财富转给他人，或拉走团队人才另立炉灶，导致合伙人事业分裂等。其次，离开者可以给予一定的价值地位，但是不得带着核心价值的片纸片瓦。最后，哪怕团队坚持到最后只有一个人，这个坚持到最后的人需要邀请所有曾经的战友按照既定的约定分享。

第八，事业合伙人一般的结构形式是有限合伙。在有限合伙的基础框架内，组织结构将是多层次的，可能具体到各个小项目，但即使是各个小（子）项目的事业合伙人，也要坚持上述几条合伙人的信念、准则、原则或模型等。

第九，事业合伙人禁止将事业合伙及于每一个员工。并不是每一个员工都将工作当作事业，这里没有任何低俗或高尚之分，仅仅是每一个人的选择不同而已。

在一个团队里，有5%—10%的员工成为合伙人随着"事业"一起燃烧、一起疯狂，事业就会走在成功的路上！为什么一定要求所有人呢？

这就是我理解的事业合伙人模式，一种比过去之合伙、公司、有限公司更超越、更有未来的组织模式。引入这种模式，将使我们面对大技术时代更加如鱼得水！

4 事业合伙人（二）：乔布斯和他的被咬一口的苹果

在大技术时代，当资本试图控制那些具有卓越技术，或具有卓越管理经验的天才的时候，便成为非常糟糕的组织模式。实际上，这种情况，在信息时代即从20世纪末到现在，已现端倪。这里，我先用苹果公司和乔布斯的关系来理解这种糟糕的组织模式，以及资本和智力资本博弈的过程。

我认为，苹果公司的生产结构最接近未来的生产和运营结构。其一，苹果公司更专注于技术的生产，即其核心发展方向是对技术的研发和创造；其二，将技术之外的生产外包给产品生产商，苹果公司自己成了技术生产商。尽管如此，对于苹果的高级管理人组织框架，我却认为和其生产模式有不适应之处。这是一种典型的资本控制技术的模式，与技术生产商的生产模式极度不适应。

到目前为止，没有哪个公司或个人能够拥有苹果公司的控制权，苹果公司的股权主要被一些营利性机构和个人分别持有。比如，现在公司最大的股东是美国先锋基金公司（持股5.99%），这是美国最大的基金公司之一——这家公司掌管着3700多亿美元的资产。之后的排名为贝莱德集团（持股5.7%）、美国道富集团（持股2.64%）。

为什么乔布斯创造的苹果公司，在创业初期就让刚刚30岁的乔布斯黯然离去呢？我认为是因为苹果公司的股权结构。假如乔布斯引入有限合伙的股权模式，是否就可以实现对苹果公司的彻底掌控呢？假如苹果公司被一人掌控，还会有那么多小股东疯狂地加入吗？这是一个疑问。现在的苹果公司，行使决策权利的不是CEO，而是他的董事会，一个比较“民主”的董事会。

苹果公司最初的管理权争议在乔布斯和马库拉之间产生。乔布斯在最初创业的时候，引进了一个战略合作者马库拉，但乔布斯当时没有意识到，这或许将使他失去对苹果公司的掌控。我们看一下苹果公司的股权结构变化。

1976年4月，乔布斯45%；沃兹尼亚克45%；韦恩10%，该股份当年被乔布斯800美元收购，乔布斯持股增加到55%。公司成为二人公司。

1976年8月，马库拉投资9.1万美元。他们三人决定预留22%的股份给未来投资者。乔布斯、沃兹尼亚克和马库拉三人平均划分股权为26%。

1977年1月，工程师罗德·霍尔特加盟。他们四人重新划分股权，乔布斯、沃兹尼亚克和马库拉分别为30%，后加入者罗德·霍尔特为10%。霍尔特曾经为苹果公司研发了二代电源供应器，他的加入是一个技术股。

1979年年底，苹果公司引入了上市前夹层融资。突然间，罗斯柴尔德、施乐公司等多家大财团和个人共16家投资商入股苹果公司。

1980年12月，苹果公司上市，乔布斯等人的股份被稀释，乔布斯15%、马库拉11.4%、沃兹尼亚克6.5%。此时，马库拉就是藏在乔布斯背后的人。

1981—1983年，马库拉一直是公司的CEO。或许矛盾的发生就在1983年，这一年乔布斯邀请百事可乐的总裁斯卡利做CEO，马库拉选择了隐忍。两年后，也许乔布斯和斯卡利合作得并不愉快，斯卡利已经知道乔布斯没有最终决策权，在马库拉为首的董事会的支持下，斯卡利将公司的关键位置清扫干净，乔布斯只剩一个董事长的虚职。问题是，乔布斯无法通过董事会罢免斯卡利，因为马库拉等人认为斯卡利做得很好。当年9月，乔布斯离开了苹果公司。苹果公司的股份被更多的基金公司、投资公司或者个人拥有，董事会成了真正的权力中心。之后多年，苹果日渐没落，无奈的董事们才想到能人乔布斯，乔布斯最后又强势回归。

假如苹果一直掌握在乔布斯手中，苹果是否更加辉煌呢？一个技术系的公司，最好的发展历程是这样，在开始阶段，创始人最好更关注于技术，而将管理交给专业的管理人员或管理公司；在发展阶段，技术创始人应对技术的发展具有优先决策权。苹果公司的开始阶段，马库拉将苹果公司推向上市，贡献巨大；而公司向更高层次的跃迁阶段，则乔布斯出走，使公司失去了技术发展的方向，结果走向滑坡，危难之时，乔布斯重新出山，坚持了技术跃迁的发展之路，造就了新的辉煌。但是，此时，资本已经控制了技术。

顺便说下华为公司，这也是一家固执地走技术路线，试图用自己的行动照耀未来的公司。华为创始人任正非说："我拥有华为1.14%的股份，史蒂夫·乔布斯拥有苹果0.8%的股份，这表明我的股权被进一步稀释是合理的，我将向史蒂夫·乔布斯学习。"对于自信的任正非，我们当然相信他的自信。而任正非之所以自信，就是因为华为并不是一家上市公司，他们并不受外界的干扰。

5　事业合伙人（三）：基于创造和服务业

事业合伙人模式是适应未来的模式。为什么是适应未来的模式？因为未来的生产和交易基于创造和服务。其中，创造性的生产企业，适合事业合伙人模式，而服务业则更适合事业合伙人模式，因为服务业传统上以合伙为主。不同的是，生产企业是在有限合伙的基础上融入事业合伙人模式；服务业则在合伙的基础上融入有限合伙，再融入事业合伙人模式。

我们在前面的章节里，已经厘清了大技术时代的生产模型，即"智力创造+智能制造+平台交易和服务"。那么，在未来，智能制造表现为价值创造率低下的无人值守的生产状态，在智能制造车间里，既没有价值，投资也是巨量的，随着技术的发展，这类企业将趋于细分化、小规模化发展，直到最终形成科技作坊的模型，形成人工智能和机器的一体化、小型化生产模型。我说的工业机器人和我们现在理解的机器人不同，它实际上就是会走动的多用途的制造机器。未来的智能制造表现为"小车间，功能大"的生产模型。现在那些动辄千亩甚至万亩的工厂，将逐渐退化、消失，被这些"小车间，功能大"的智能制造车间和新兴起的城市科技作坊所替代。这是大技术时代技术渐进和跃迁的必然结果。

这解释了我为什么不赞同那些传统的、重资产企业采用事业合伙人模式。这里理由有三。一是大部分的重资产企业是夕阳产业。这些企业即将进入蜕变期。这些传统的企业，将被分离和整合为技术生产企业和智能制造企业，然后，智能制造企业向“小车间，功能大”的智能制造车间转型。二是重资产企业是资合企业，创造能力和管理能力虽然很关键，但是资产是根本，如钢铁厂、地产公司等，只能是资合模式。三是重资产企业需要的是循规蹈矩的技术工人。即使那些循规蹈矩的技术人员，也将被人工智能替代。在这些传统领域进行生产模式创新，除非是技术创新等，否则我们是寻找不到太多价值的，即使存在价值，或者是某种“回归式”“怀旧式”的生产模式，其实质也只是一种文化的创新，而不是新科技的创新，更不是传统生产模式的继续。因此，传统生产领域，不是事业合伙人的天堂，如果我们在这些领域里运作事业合伙人模式，失败是必然的。

事业合伙人，适应的是基于“创造”的生产模式，包括技术生产、文化创造，以及平台经济结构的创造和再创造及其运营。

先说平台搭建。平台搭建就是平台创造，基于计算机的联网，人类开始搭建虚拟网络平台，这是第一阶段。现在，基于人工智能、区块链，将进入立体虚拟平台搭建的阶段，这是第二阶段。未来，还有第三阶段，这个阶段，将基于私人定制、科技生产作坊、地上服务平台，在整合第二阶段平台的基础上，进行全产业链的立体平台搭建。通过三个阶段的发展，人类将建立沟通生产和交易、文化和娱乐、生活和服务的、立体的全产业链的平台系统。所以参与搭建平台这个事业，大有可为。其中涉及的律师业和服务业的平台，也是整个全产业链平台不可分割的一部分。

我们可以将手机系统当作一个平台，这点可能是被很多人忽视的。手机看似是一个无所不能的大平台，我们所有的通信、交流、交易等都可以通过手机来实现，但其实手机无非是平台的壳而不是内容。我们可以说，手机制造商、电脑制造商是平台的硬件提供商。硬件技术的提升将为平台发展提供跃迁的可能，没有硬件，平台就是没有基础的浮沙。因此，手机、电脑以及将来的机器人，都是平台的制造商——硬件制造商。

通常我们说的平台，如阿里巴巴、雅虎、新浪、腾讯等这些平台服务商，就是在互联网上搭建一个系统，它们投入的是什么呢？就是基于这些系统的技术以及需要维护的人工。技术的投入过程以及平台系统的构建过程，我们称为平台的搭建，平台的运营过程我们称为平台的维护。这个领域并不神秘，那么怎么衡量这些平台的成功率呢？就是这些平台所汇聚的人财物的量的多寡。

在这个平台和平台制造商之间，实际上还有一个软件制造商。平台使用的技术至少一部分就是由软件衍生而来，但是它们又有所不同。比如，比尔·盖茨提供的软件，有时候供应计算机本身，有时候也供应平台使用，因此，我将软件供应商当作硬件供应商和平台供应商之间的黏合剂。

我们将平台提供商、软件供应商、平台制造商这三个设计平台的供应商以及汽车制造商和钢铁制造商，这五者做一个对比，也许很快就明白，为什么事业合伙人制度模式适合平台提供商（平台创造和维护者）、软件供应商（单纯的技术生产者）、平台制造商（技术+设备生产者），而汽车制造商和钢铁制造商不适合事业合伙人模式。

第一，生产第一需求要素不同。钢铁制造商的第一需求是庞大的资金，汽车制造商需求的是庞大的资金和核心的技术，手机和电脑等平台制造商需要的核心是技术其次是资金，软件提供商需要的是一些天才的软件工程师，而平台提供商即平台的创造者需要的是一个天才的想法+将这个想法融合的技术人员。

第二，资金投入量不同。对钢铁制造商的投资多则数十亿元、数百亿元，汽车制造商稍低但也需要十多亿元，手机和电脑等生产商上亿元，软件制作商则需要数百万元甚至千万元即可，而平台提供商仅百万元投资即可。平台提供商投入最大的是推广和维护费用。

第三，对高层次人才的需求不同。平台提供商需要的是卓越的想法＋卓越的技术＋卓越的推广，因此，平台初创阶段，需要人才的聚集才能成功打造一个好的平台。而汽车制造方向的核心在于技术研发；钢材制造商，一般不专门研发技术，通常是由委托专门的研究所或者自己成立的研究所来完成技术更新。

第四，对技术投资的资金量不同。钢材制造商对技术的投资一般不超过其收入的1%—5%；汽车制造商则很少对技术投资，一般不超过其收入的5%；手机和电脑等以技术为核心的企业，一般超过10%，如华为和苹果公司更专注于技术投资，甚至超过20%；软件制造商会有超过50%投资在程序研发和维护；有的平台供应商，前期70%投资在于技术，之后才是技术的更新和平台的维护。

第五，盈利率不同。钢材制造商是薄利行业，靠钢材的量实现利润；汽车制造商是相对高利润行业，依靠技术的提升实现利润；手机和电脑生产商是高利润行业，全靠技术的提升实现利润的提升；软件制造商完全靠技术来实现超高利润；平台提供商是一次性技术投资，是超暴利行业。

什么样的行业适合事业合伙人模式，通过上述对比，我们归纳为三点：其一，盈利率较高的行业；其二，需要高层次人才的行业；其三，投资需求较少的行业。

大技术时代，将是一个疯狂的时代，更是一个基于创造和高端服务的事业合伙人的大时代。

6 事业合伙人（四）：基于创造

技术的创造是偶然的现象，就创造本身而言，这种生产模式并没有形成规模化的、系统化的技术生产和文化创造的体系，因此整个技术的生产和文化的创造还是传统生产的附庸。这种附庸式自给自足的生产，基本处于资本的控制之下。因此，公司化、家族化等生产模式在大工业时代是主要的组织模式。

计算机的出现带来了互联网和人工智能，人类社会的生产形态出现了本质的跃迁。这使人类的创造借助上述工具从偶然走向必然成了可能。从计算机的生产开始，市场对高层次人才的渴求已经越来越强烈，而对于资本的需求已经越来越少。在硅谷，基金公司一些投资人不从事直接生产，通过投资和孵化技术、商业模式即可实现倍增的利益，于是这些投资人转化为天使投资人。这给天才们实现梦想提供了现实的资金保障，事业合伙人制度也应运而生。

在没有事业合伙人制度之前，曾经有一些伟大的天才创造者。他们是创造界的先行者，但也是失败者。在此，我对本文予以延伸，并用文字表达对他们的敬意。

先说爱迪生和他同时代的特斯拉。爱迪生有2000多项的发明，这些大家耳熟能详。而特斯拉这位科学怪才，被后世称为被遗忘的发明家，特斯拉的发明大都和电有关。比如，世界第一台交流电机、无线电遥控技术、收音机、雷达、传真机、真空管、霓虹光管等。特斯拉还被认为对机器人、弹道学、资讯科学、核子物理学等各种领域有重大贡献。

爱迪生的聪明不仅表现在他的发明，还在于他是世界上第一个具有系统发明思维并用商业视角去搞创造的人。爱迪生建立了他的发明工厂后，担任了发明创造的系统工程师的角色，他雇用了一些世界上的天才发明家，将他认为可以推广到市场上的实用技术交给这些人加以研究，进行创造发明，并最终形成专利技术，然后将这些发明都冠上自己的名字。对于这个行为，套用现在通用的法律语言说，这属于职务发明，职务发明的权利属于单位或者提供资金并雇用技术人员的那个人。特斯拉就曾经是爱迪生公司的发明工程师，并为爱迪生工厂发明了直流电。但是二人却为了6美元的周薪分道扬镳。这被称为历史性的遗憾。

1882年，加入爱迪生公司的特斯拉开始帮助爱迪生设计改进电器，试图寻找到实用的直流电机，同年特斯拉即发明了感应马达，并接着开发各种用到旋转磁场的设备。当时爱迪生正在为电机的运转问题发愁，所以他告诉特斯拉，如果特斯拉完成马达和发电机的改进工作，将奖给他5万美元。于是特斯拉投入了疯狂的工作，几乎将整个电机进行了重新设计并终于成功。爱迪生为发电机和电动机等重新申请了24项发明专利。根据特斯拉的回忆，当他向爱迪生要奖励时，爱迪生告诉他，“特斯拉，你不懂我们美国人的幽默”。于是，特斯拉愤怒地离开了爱迪生公司。

假如，爱迪生真的给特斯拉奖励5万美元，特斯拉会不会离开呢？再假如，爱迪生真的给特斯拉奖励5万美元，并让他成为关于电机方面的事业合伙人，让特斯拉成为自己不可或缺的伙伴，特斯拉会不会离开呢？我想，特斯拉绝对不会离开。特斯拉不仅对马达和直流电机进行了改进，使直流电机成为可以投入使用的电机，更重要的是，特斯拉已经有了交流电机的完整构想，爱迪生按照对待其他发明家那样以“雇佣论”的惯例对待天才的特斯拉，这似乎没错，因为爱迪生不但是发明家而且是企业家。但也因此，爱迪生和交流电擦肩而过。

现在我们已经知道，交流电对人类的意义远大于直流电，直流电最大的意义是用于电灯、电话等，对于生产意义不大。如果说直流电照亮了这个世界的话，那么特斯拉的交流电就给人类开启了一个新的文明——电气化时代的文明、大工业大时代的文明。特斯拉离开了公司，爱迪生公司没有交流电的技术许可。特斯拉永远不可能将交流电授权给爱迪生使用。

1892年，在美国“金融巨头”摩根的主导下，爱迪生通用电气公司与汤姆·逊休士顿电力公司合并，去掉了“爱迪生”成为“通用电气公司”，爱迪生黯然出局。

爱迪生离开通用公司不久，特斯拉开放了交流电的专利技术，成为世界的共享技术；而爱迪生之后的美国通用公司，却成了世界上最大的公司之一。直到近百年后，微软公司的出现，美国通用公司才退出财团霸主的地位。

7 事业合伙人（五）：基于服务业

我认为，只有社会精英才能适用合伙人制度，适合事业合伙人制度的行业分为三类：一是盈利率较高的行业；二是需要高层次人才的行业；三是投资需求较少的行业。这些行业，用两个词表达就是基于“创造”或“服务”，即一类是创造者，另一类是精英服务者。本节和下面几节，我将就服务行业的职业合伙人模式进行分析。

以法律服务业和会计业这两个重要的服务行业为例，有三个问题值得讨论：第一，律师和会计师组织机构的变迁历程；第二，会计师和律师是具有无限前途的职业；第三，服务业面临巨大变革，不改变则将不适应社会的发展。最后的归结点是，实现以事业合伙人为基础的服务业的联合，是未来服务业的出路。

第一个问题，先说组织机构的变迁。在人类社会组织机构变迁的历史中，法律服务业和会计业保留了原始的合伙制度，这是很有意思的事情，为什么律师事务所和会计师事务所仍然遵循古老的合伙制度来运营呢？为什么这两个行业没有改为有限公司模式？让我们溯源合伙制度，探索这个问题。

我们从合伙最原始的意义上来探讨合伙。虽然中国在宋朝、欧洲在古希腊时期，均已经产生了某种形式的合伙，但是这种合伙仅仅停留在现实的合作关系上，还没有以某种契约的形式固定这种关系，且没有形成有效的法律约束。在欧洲的古罗马，一些商人死后往往不分家析产，而是以家族共有的形式来规避投资风险，因此形成了家族资产。这种家族共有的资产本身就是一种合伙形式，通过这种家族资产的凝聚，将整个家族的人、财、物积聚起来，以使家族资产变得更加庞大。其实中国古代很多大家族也是如此，几代人甚至几十代人不分家，对于那些大家族来说是正常的。若是以一个人或者小家庭来独资经营，这种资产的量无法做到更大，没有更好的抗击风险能力，同时，单薄的资产无法取得客户的认同。之后，这种共有关系蔓延至家族之外，形成商业上非家族的合伙关系。对这种合伙关系，罗马法以法律的形式予以确认。这种合伙关系表现为共同投资、共同经营、共担风险、共享利润的合作，其核心是所有合伙人以其家庭资产对外承担连带责任，在家庭资产处置之外，合伙人可以约定的形式来解决因此而带来的债务风险。

除了上述的合伙之外，在意大利还有一种称为康孟达式的合伙，其产生主要根源于当时的海上贸易，因为当时的航海技术尚欠发达，海上贸易的风险相对较高，往往使许多手中有大量资金的商人望而却步。于是一些“冒险家”，即专门从事海上运输、掌握了相当航海技术的商人便与希望进行投资的商人合作，由投资者注入资金，“冒险家”提供船舶和劳务，合作进行海上贸易，对于共同的债务及损失，投资者只以其注入的资金为限承担责任，而“冒险家”则以其全部个人财产承担无限清偿责任。这种合伙关系就是我们现在的有限合伙的雏形，康孟达式投资者仅在自己投资的范围内承担责任，而“冒险家”则以自己的全部财产甚至在海上随时失去生命来作为承担责任的方式——你出钱，我将全部的财产和生命押上对赌，但是也因这种合伙方式使“冒险家”换来了对合伙事务的掌控权。

因此，古罗马最初的合伙主要表现为资合和人合的双重性质。其目的在于凝聚资金，但是基于这种共同投资和共同承担风险的属性，也必须是人合的，即这些合伙人都要全身心地投入才能最大化地防范风险。而康孟达式的合伙则一方是人合（冒险家），另一方是资合，而且是有限的资合（投资者）。这种康孟达式的合伙，比较接近我们现代意义上的有限合伙。

工业革命之后，开始兴起公司制度，这种制度的好处在于任何人都可以不以自己的全部身家作为风险承担的方式，而仅仅以自己投入资金的限额（或股份）对公司承担责任。如此一来，若有投资家的工厂倒闭了，另一个甚至更多的工厂还可以继续经营，即使全部的工厂倒闭了，这个投资家的家庭财产还可以继续让他过富裕的生活。这就将有钱人的风险降到了最低限度。

在工业革命之后的时代里，公司成为一种主流的组织模式，只有很少的人才采用合伙的形式，其中就有服务业，尤其是会计业和律师业。现在的律师业，世界各国都保留了合伙的模式。但如美国等国家也有有限公司、有限合伙的组织模式，甚至也有个人独立执业者。美国虽然有有限公司制的律所，但是对律所上市进行了限制，理由有如下两点：一是律所是需要对客户保密的，但是上市公司则需要公开、透明；二是法律职业进行商业化会使律师过于资本化。会计业也保留了合伙模式。但会计师事务所也同时允许有有限公司、有限合伙的组织模式，甚至也有个人独立执业者。中国的会计师事务所，按照国际模式运营一般为普通合伙、有限公司、有限合伙的组织模式，没有个人独立执业者。

第二个问题，再说会计师和律师这两个职业，是典型的以知识和技能为服务产品的，这两个行业投资成本少，精英汇聚。任何一家律师事务所和会计师事务所，都不需要投资建设数十亿元的生产车间，在硬件配备上比微软的软件工程师的配备还更简单些，因此这种职业是世界上投资相对较少的职业。律师依赖的是知识和辩论技巧，会计师依赖的则是精密的核算和审计能力，这两个行业也是天才尽出的行业。那么，律师和会计师是否是世界上最挣钱的两个职业呢？当然是。

先说律师。以美国为例，美国最挣钱的两个职业，一个是医生，另一个是律师。医生和律师还可以再细分，即最挣钱的职业，实际上是医生中的牙医，律师中的知识产权律师。为什么知识产权律师比较挣钱？因为企业发起知识产权诉讼的目的，不在于向侵权方索赔，而是试图通过恶狠狠地惩罚让其停止侵权，最终维护发起诉讼者的市场垄断。因此发起诉讼一方的企业，一旦实现目的，无论对方赔偿多少钱，对知识产权律师都很大方。比如说，赔偿1000万美元，风险代理可以给律所30%甚至更多。因此律师只要胜诉就可以拿到数百万美元，以至于律师一年有两个胜诉案例就可以拿到普通律师几十年甚至一辈子的收入。在美国华盛顿有一个叫飞翰的律师事务所（Finnegan，Henderson，Farabow，Garrett & Dunner，LLP），就是一家专门从事知识产权业务的律师事务所。有媒体报道这家律师拥有350名知识产权律师，其中80%的工作与专利相关，300多名专精专利法的律师，200多名专业人员已在美国专利商标局注册，超过35名专业人员曾担任美国专利商标局的审查官，最近三年内递交了12000多项美国及海外专利申请，在过去五年中参与了超过575起地区法院的专利诉讼案件，在超过15%的国际贸易委员会（ITC）的案件中代表原告或被告，为100多起美国联邦巡回法院上诉案件辩护。这家律所在五年内所做的知识产权诉讼超过700起。即这个律所的350名律师在五年中做的案件不超过300起，平均每个律师做两起案件。

再说个数据，2018年美国GDP的总值20.494万亿美元，其中服务业的GDP是165147.47亿美元，占据GDP总量的80%。那么，什么行业GDP值最高呢？科技服务业是其一，包括专业技术服务、技术推广、科学研究、科技信息交流、科技培训、技术咨询、技术孵化、技术市场、知识产权服务、科技评估、科技鉴证等。其中2018年美国接收其他各国或地区的专利使用费高达1300多亿美元，成为全球最大的“知识产权出口国”。大家注意，美国飞翰律师事务所不但是一个做知识产权诉讼的律所，还是专利律师事务所，上述涉及法律的业务如知识产权服务、专利许可等都有知产律师分享的份额。我经常告诉律所的知产律师，律师向上述行业跨界越深，对科技创新和价值推动的作用力越大。中国知识产权市场很大，但中国的知产律师还处于刀耕火种的阶段。

在发达国家，知识产权律师很挣钱。2018年，美国波士顿大学的知识产权教授奥尔森博士来我们律所交流知识产权的时候，说了一句话，“技术的价值在于诉讼”。这句话很耐人寻味，我一直在揣摩这句话的意思。现在，我用一句最俗的话解释奥尔森博士的话，就是律师通过做知识产权诉讼挣钱越多，技术就越有价值，否则技术就没有价值或者价值很小。

再说另一个服务业——会计业。安永、普华永道、毕马威、德勤这四家会计师事务所被服务行业简称为“四大”。这四大会计师事务所有多大？我提供一个2015年的数据，普华永道（PWC），收入354亿美元，从业人员208100人。德勤（DTT），收入352亿美元，从业人员225400人。安永（Ernst & Young），收入287亿美元，从业人员212000人。毕马威（KPMG），收入244亿美元，从业人员173965人。2018年，德勤营收为432亿美元，普华永道营收为412.8亿美元，安永营收为374.7亿美元，毕马威营收为289.6亿美元。虽然这些会计师事务所超级挣钱，但是这四大会计师事务所的授薪会计师们却不是最挣钱的。

一家会计师事务所的收入等于一个庞大的跨国公司的收入，这是惊人的。比如以医药行业来说，全球TOP50制药企业（2018年，亿美元）的排名，其中前四名企业及营业收入，以及技术研发费用的投入具体如下：1.辉瑞公司（美国纽约），营业收入453.2亿美元，研发费用79.62亿美元；2.罗氏（瑞士巴塞尔），营业收入445.52亿美元，研发费用98.03亿美元；3.诺华（瑞士巴塞尔），营业收入434.81亿美元，研发费用81.54亿美元；4.强生（美国新泽西），营业收入388.15亿美元，研发费用84.46亿美元。

美国的医药行业，维持其生命的是研发投入，扣除研发投入、生产成本、销售成本呢？和会计师相比较，会计师的再投入就是继续学习成本、办公室成本等，这是非常低的。显然，四大医药企业的纯利润远远比不上四大会计师事务所。这意味着世界上四大会计师事务所生产的净利润，可能比世界上最大的四家医药公司的净利润要高得多。

第三个问题，服务业面临巨大变革。2019年有报道称，四大会计师事务所正在向区块链进军。2019年8月9日，德勤（Deloitte）推出了一个移动平台，是一个小规模区块链托管网络，仅供演示之用。德勤宣称该产品“基于客户对理解实时交互中的区块链功能的兴趣”。普华永道、安永和毕马威也相继向区块链领域扩张。这四家公司去年总共有超过1480亿美元的年收入，它们为公共和私营企业处理了超过50%的审计业务，因此它们在加密空间中的存在可以反映区块链采用的状态。四大会计师事务所将自己涉及的区块链领域称为分布式账本技术（DLT）。

对于四大会计师事务所介入区块链问题，韦斯评级公司的首席加密分析师胡安·维拉维德说：“这些似乎只是早期的步骤。四大会计师事务所已经开始认识到分布式的潜力，但他们尚未想出如何利用这种潜力。”对于会计师事务所来说，我认为这是危机的开始。

随着全球经济的快速发展，第三方审计的需求越来越多，占据审计市场主导地位的四大会计师事务所营收也节节攀升。2009年四大会计师事务所的营收总和才938亿美元，2017年营收总和是1342.8亿美元，2019年更是超过了1480亿美元，10年间增长了57.8%。这简直是会计事业的黄金时期。而区块链来了之后呢？危机自然到来。

会计业中的四大会计师事务所实现的利润主要已经不是简单的记账利益，而是审计利益，即将那些上市公司的财务变得透明化，以使任何一个试图购买某上市公司股票的人都可以通过财务数据判断这家公司的未来，然后选择购买。而对一个上市公司的审计业务，则需要一个庞大的团队来完成，这正是现代会计业蓬勃发展的根源。但是，区块链改变了一切，这个改变不仅仅针对上市企业，而且针对那些不上市的企业。区块链将一切透明化了，其一使那些上市公司被看得更清晰了；其二这种透明化以及技术平台化的推进，或使上市公司的审计变得更简单了。如此，会计师事务所的利润降低了。如果不改变，未来堪忧。或许正因为如此，“四大”纷纷介入区块链提前布局。

对于服务业而言，整个将格式化，就如遍布城市的天网系统，使一切虚假、舞弊、犯罪等无所遁形。就此而言，会计师事务所和律师事务所必须自我突破，否则大量的工作将被人工智能所替代。这是历史的必然，不改变将被淘汰出局。

律师业也在改变。比如，2007年10月英格兰和威尔士通过了《法律服务法》，该法案为英国法律行业带来了剧变，其创设的替代性商业结构允许律师和非律师人员共同成立律师事务所，为世界上最大的四家会计师事务所运用MDP计划（跨学科专业服务机构，简称MDP）角逐法律服务市场打开了大门。这也给律师、会计师、管理人等的融合和跨界打开了大门。在中国，海南作为试点也率先引入了注册会计师、专利代理人可以作为律所的合伙人的制度，允许非律师人员成为律所的合伙人。

律师事务所和会计师事务所之外的世界仍然在改变。比如说，一些法律服务公司、网络代理记账公司，它们试图通过网上平台给客户提供服务。有的机构通过人工智能的介入，在网上直接为客户服务，并将人工智能技术带入普通的、现实的会计师事务所和律师事务所，试图发起一场关于法律服务业和会计服务业的革命。

服务业机构之所以要改变，根源在于人类的生产模式在改变。大技术时代的生产模式演变为“智力创造+智能制造+平台交易和服务”之后，围绕服务“智力创造+智能制造”，精英服务机构必须改变，基于平台服务经济模型，精英服务机构必须融入这个模型之中。

现在，服务业的改变才刚开始，除了业务细分的改变之外，在组织架构上也需要做出如下改变：第一，必须在事业合伙人的组织架构上进行突破；第二，在事业合伙人模式上，精英服务者必须基于平台模式进行新的整合；第三，在市场细分的进程中，跨界和融合已是大势所趋，只有如此，才能在全球范围内形成若干个大的服务平台集团，以适应大技术时代的需求。

8 反思（一）：从中国式合伙到中国律师合伙

什么叫中国式合伙，我认为就是梁山好汉式的合伙。虽然说“人心齐，泰山移”，创业时力量比较大，但现实中，人心是最难把握的，尤其是在面对巨大利益时，企业合伙人之间由于不善于事先制定规则，中国式的合伙都是以梁山好汉式的兄弟之情开始，但是最终都会在企业发展方向、企业利益划分、股权机制方面出现种种问题，以致散伙。因此“江湖义气”“不合理的股权设置”“利益分配不平衡”“合伙人角色转变”“理念冲突”“功高盖主”都是大家讨论的话题。我认为，根源上是中国机制和市场机制的不匹配问题，即中国在经营性组织的机制和结构上还无法与逐渐发展的市场经济相匹配，还没有和发达经济国家的公司治理结构在执行力上进行对接。

先说认识的问题。我认为，公司制的本质是计划的，公司是一个被拟人化的法人，就如一个独立的人一样，人在有计划、有目标、有坚决的执行力的时候才能够成功，公司也是一样。因此，公司制度就是一套严格而精密的计划经济制度，如此才有高效率，才能在市场的大风浪中生存。最好的公司，对外应该只有一个声音、一个路线、一个团队。董事会按照约定的规矩来决策，就在章程里或事先的协议上，只要不是侵犯第三方利益的决策程序或模式，哪怕是错的，都应被遵守。

章程是公司的宪法，是制度，是公司的法律法规；董事会决议是公司最有效力的政策、方针、路线图。但是，只有少数精英式的、更关注未来的合伙人/老板才会关注章程。能够坚持按照章程和协议来执行的老板很少。因此，中国式合伙不是制度问题，而是执行力问题，没有执行力，所有的公司制度都成了废纸。

2018年，司法部公布数据显示，截至2017年，中国个人律师事务所已经达到了8200多家，占2.8万多家律师事务所的29.2%。另外，10人以下的律师事务所1.7万多家，占61.8%；10人（含）至30人的律师事务所8900多家，占31.5%；30人（含）至50人的律师事务所1100多家，占4.1%；50人（含）至100人的律师事务所500多家，占1.8%；100人（含）以上的律师事务所200多家，占0.8%。根据上述数据，超过30人的律师事务所在国内不到7%，即绝大部分的律所规模不到30人。为什么中国个人律师事务所远远超过30人以上的大中型律师事务所。为什么中国的个人律师事务所那么多？这充分证明律师事务所合伙人机制可能存在一定问题。当然，还有一个现实问题，即某些县域律师事务所律师规模不够，大部分的30人以下的律所在县域，这和合伙人制度无关，必须将这个状况分离出来分析。

县域律师事务所规模自然不能将之归结为合伙人机制的问题，因为县域律师事务所大部分是合伙律师事务所。个人律师事务所主要集中在大中型城市，而至少一半的30人以下的律师事务所也集中在县级以上的大中城市。分析中国式律师合伙，除了有上述的企业型的中国式合伙的弊端外，原因也许集中在如下两个方面：

第一，合伙制度的“漏洞”——合伙人都承担连带责任。中国律师制度和企业的公司制度不同，除了有限合伙的企业外，公司都是承担的投资范围内的责任。中国律师的组织架构主要是合伙，如果出了事故就产生了谁承担责任的问题。一是公章管理的问题；二是赔钱的问题。这两个问题，最后都归结为一个问题，即管理权问题，或者说律师事务所如何管理的问题。

第二，谁当主任很重要。如果按照上述的模式，似乎谁当主任就不重要了，但恰恰相反，主任这个名义比其他律师在称呼上有优势，比较容易拿到案源。这里纯属私人利益，为了能够多拉案源。争到最后，就是谁承担所里的费用就由谁来当这个主任，因为在有些律师事务所，尤其那些收取管费的律师事务所，还是赔钱的。律师事务所就管理费用开始拉人头，看谁的管理费用低。所以，争到最后就轮流来当主任，如果年底有亏空的钱，大家一起来分摊，公平问题就解决了。

第三，专业分工问题。如果一个律所内部没有专业化分工，那这个律师事务所就要面对以下困境：一是除了管理费，律所没有其他收入来源；二是律师不能依靠律所来挣钱，只能自己找案源，律师没有归属感；三是年轻的实习律师没有人来管理和扶持，只能碰运气般地仰仗老律师。

上述几个问题的存在，导致中小律所盈利空间缺乏。为什么在大中型城市，很多律所采取了管理费模式。是因为在恶性竞争和无解的循环下，为了分解合伙人矛盾，不得不通过管理费模式来确保律师处于一种不亏损的状态。如此，管理费模式最终演变为一种类似合作制的制度，即大家将每年的成本分摊。我将这种经过核算确认管理费的律所运营模式，称为类合作制模式，由合伙人承担直接亏损的律所，因为大部分律所都是赔钱的，所以合伙人就有矛盾；反之，以管理费的形式将可能的亏损分摊到每一个律师头上，这种类似合作制的律所，合伙人之间则就减少了矛盾。但是，这种管理费模式往往会断了专业化发展的路，不改变，早晚被淘汰。

上述几个问题是大中城市律所普遍的现象。如果我们不正视这个现象，就寻找不到突破口，就无法发展自己。现在的中小律所发展很难，这些律所在发展中要突破30人、50人、100人规模三道难关，如果能突破200人将遭遇更大的难关。而这个发展的难关突破之解，除了专业化之外，还要在每一次的突破中，寻找到适合自己的组织模式结构。

我认为核心问题集中在中间这个区域即50人规模以下律所发展的问题。他们如何做专业化？他们如何改变管理费困境？他们如何突破律所不盈利的困境？这些问题解决好了，中国的律所就有灵性了。

9 反思（二）：会计师在律师事务所的地位和执业限制

中国的律师事务所最初由体制内的组织演变过来，统一采取了普通合伙的模式。之后，《律师法》允许个人创办律师事务所，并引入了类似有限合伙的特殊的普通合伙制度。个人律师事务所的引入，增加了各地区律师数量，为个体律师执业提供了方便。有限合伙制度的引入，则极大地推动了律所的规模化发展，解决了律所内部合伙人的矛盾问题，使有些律师在不参与律师事务管理的情况下，仅仅作为有限投资的合伙人，而不作为承担连带责任的合伙人。

中国律师界对特殊的普通合伙制度的推进，和国际律师运营模式逐渐接轨。这给中国律师事务所走向规模化和市场化解决了制度困境。律所事务由普通合伙人来决策，而决策的规则则由最初的合伙人来设定，设定的目的在于更好地发展。如此，这个大规模的律师事务就会获得稳健发展。因此，重大问题要由少数的、具有事业合伙人精神，并愿意为律所发展承担无限责任的律师来设定。然后，寻找有执行力的不限于普通合伙人的主任来执行律所管理事务。这就是特殊的普通合伙制度最大好处。

2016年，中共中央办公厅、国务院办公厅公布的《关于深化律师制度改革的意见》，对深化律师制度改革作出全面部署。该意见提到要探索专利代理人、注册会计师担任律所的特别合伙人的路径，布局试点工作，根据这个文件，有些省市也出台了相关的实施意见。但是，这个试点始终没有开展。值得欣喜的是，

2019年9月《海南经济特区律师条例》确认了这个试点和制度，其第18条明确规定，注册会计师、注册税务师、注册造价工程师、专利代理人等其他专业人员可以成为特殊的普通合伙律师事务所的合伙人，但其出资份额和人数比例不得超过25%，不得担任律师事务所负责人。这种改变，为服务业的大融合模式提供了坚实的制度基础。

但是，这个改变在宏观的制度领域似乎还存在缺陷。即使我们赋予了注册会计师以律所特殊合伙人身份，这些人以什么身份执业仍然是个问题。在这个方面，实际上专利代理人的问题已经得到了解决。一方面，按照国际管理实践，专利代理人就是国外的专利律师，实际上他们和律师是“同行”，国际上通常将专利申请之后的业务，统称基于权利的设立、运营、管理和维权四大业务，这些业务都属于法律范畴。因此，中国国家知识产权局率先为跨界融合打开了一扇大门，允许律师事务所中有专利代理人身份的人，以律所的名义代理专利申请，不仅如此，还允许具有专利代理资格的律师事务所，吸纳非律师人员作为专利代理人办理业务。如此，双证律所出现了，一个律所既可以办理专利业务，也可以办理法律业务。但是对于具有律师和会计师资格的双证精英，大门还没有完全打开，律师事务所的注册会计师，还不可以做审计业务。这就是注册会计师在律师事务所成为合伙人的尴尬。《律师法》不允许律师跨界到会计师事务所做业务。律师和会计师之间的业务融合之路还在封闭着。

律师制度改革，给律所注入了有限合伙模式。而中央政策和南海之风，给中国带来了融合跨界的春风，已经开始试点律师融合专利代理人、注册会计师成了可能。但是在国际竞争领域，跨界已经成为必然。而实际上，率先跨界的不是律所，而是会计师事务所。

世界上最大的四家会计师事务所早已经是跨越会计的跨学科专业服务机构。正是因为跨专业化发展，它们成了世界上最挣钱的服务性机构。在跨界和融合上，会计业走在了法律服务业前面。

比如德勤会计师所，在德勤的四大业务模块中，除了传统的审计业务之外还有四大板块，都是跨界式的业务。比如税务和商务咨询这个大板块，包括10个小板块的业务：税务申报代理，税务咨询，国际税服务，并购（M&A）各种尽职调查，转让定价，海关/间接税，税收抗辩（打涉税官司时候充当律师的角色），商务咨询（各种架构安排、来华投资、公司设立、注销等流程代理，商务运营的相关咨询），律师事务所（彻底变身律师提供法律服务），移民（包括移民咨询和一些简单的代理）。上述各种尽职调查、律师事务所和移民就是跨了律师的界，而商务咨询则是综合跨界。

德勤DC咨询的大板块，包括下列几个小业务板块：企业战略咨询（常见战略、客户服务市场、供应链管理、企业并购战略），财务管理咨询（财务战略、财务管理提升咨询、资本机构优化等小的服务线），专门针对金融业的战略咨询（项目管理、风控、银行优化、准则咨询等），人力资源咨询服务（绩效考核设计、企业文化整合、薪酬规划设计、HR战略咨询、HR Leadership发展、培训），保险精算咨询（保险公司风控管理咨询、社保养老金核算、并购尽职调查估值保险公司、模型分析），企业ERP实施，IT咨询（IT planning企业信息技术管理咨询、各种优化等咨询），国家安全咨询（略），公关，全球交付业务（外包服务部、比如劳务派遣），德勤的这个DC咨询简直是大跨界、大综合。

德勤还有一个大板块叫ERS企业风险服务，是从审计中细分出来的，细分为：企业风险控制管理咨询、资本市场风控服务、合规性检查、信息技术风控服务、ERP系统控制（就是发现里面设计流程时可能有的风险点）、企业内控咨询、内部审计、计算机审计、IT尽职调查、数据分析等服务。这个部门是“审计+服务”模块。

德勤最后的一个大板块叫FAS，即企业财务咨询，细分为：企业财务咨询，即常说的TT，就是M&A（并购）时候的尽职调查。各种尽职调查包括财务DD，运营DD；商业DD，针对电脑和各种数据库research的部门，就是看企业在商务上有没有什么黑点，有没有贿赂过；CFA，这是一个很高端的服务线，是最接近投行的一个服务组，找种子企业，协助尽职调查，帮忙联系融资，最后包装上市或者卖掉；法政会计，最像律师，经济案件中取证的和辩护的一群财务人员；重组（restructuring），帮企业整体上做规划咨询，厘清架构安排，但主要的客户是银行；估值（valuation），这是个辅助性的服务线，就是协助企业并购时候的估值。这个业务大板块，是很挣钱的，原因在于市场细分。如CFA业务，如果找到了种子公司完成一单生意，也许整个小部门就可以休息一两年。

在几年前，德勤的营收还排在普华永道的后面。2018年，德勤已经反超很多，这就是交叉思维、市场细分的魔力。未来，我仍然看好德勤，因为我看好德勤的细分的业务模式。德勤不管自己的职工是会计师、税务师、规划师还是经济师、律师，只管这个全球市场是否有某种需求，然后立即细分出来一个团队，以他们的大服务机构的优势吃掉这个蛋糕。

我之所以不厌其烦地厘清德勤的服务清单，也是想将这个清单展示给中国的律师同行们，以反思我们自己的业务。德勤为什么做我们律师应做的业务呢？比如移民律师的业务、诉讼业务、尽职调查等。很简单，因为这些业务和他们擦边搭界，顺势就做了。市场细分之后，无论是会计业还是律师业，实际上市场只是市场，市场本身并没有界定。当我们看透市场的时候，服务业的路突然敞亮了起来。而就竞争而言，这个大时代，你不细分，总有行业或机构抢在你前面细分；你不跨界，别人顺势就跨了你的界。

当大技术时代到来的时候，当人工智能模式开启之后，人类历史将进入翻天覆地的下一页。这个翻天覆地，不仅仅是工业、农业和畜牧业的彻底变革，不仅仅是技术的生产和文化的创造从传统服务业中剥离并重构为核心产业，而且服务业本身的重构也是必然的趋势，这个趋势之一就是精英类服务业，如律师、注册会计师、税务师、心理咨询师等行业的大融合。中国若率先设定与之适应的制度，并鼓励跨界和融合，服务业就会在国际市场领域获得竞争力优势，并反哺中国的市场经济，推动中国经济发展。

那么，这种制度模式是什么呢？就服务业而言，就是建立基于有限合伙的事业合伙人模式，就是鼓励跨界和融合。这个模式，不仅仅是律师的模式，也是律师、会计师和专利代理人等精英服务者的合作模式，最终在这个模式的融合下，形成一个个依据细分方向的平台，以更具有市场竞争力的方向来服务中国和国际大服务市场。

10 基于事业合伙人的大服务体系框架

什么样的组织架构模式更适合我们服务业的现在和未来？我认为，“平台+事业合伙人”的模式，将是中国精英服务者最好的组织架构模式。上面我已经详细阐述了基于有限合伙的事业合伙人模式，这里我简单讲一下基于平台的市场体系。关于具体的平台模型，我将在以后章节详加描述。

在有限合伙的事业合伙人模式的基础上，大技术时代的服务业将基于下面三个大的平台为社会提供服务。这三大平台将汇聚律师、会计师、专利代理人、心理咨询师等专业人士，根据每一个职业特点又以“+服务”的形式，形成小的专业服务系统，为社会提供更精细、更专业的服务。这三大平台，整体上融合成服务业的大服务体系。

一是管家平台，这个平台给社区居民提供服务。这个平台是律师、心理咨询师、社会矫正师、手术医生、健康护理（士）、房产经纪人等专业职业人的联合。

也许有人认为医生成为其中一员很奇怪，但在未来，最可能的变化将是医药分离的模式，更多的专家型医疗诊室、手术室将从医院分离出来，成为为社会独立服务的一部分。这些人实际上和律师一样，将成为社会职业人服务的一部分，只是医生负责人身体的疾病，律师负责社会的疾病，而心理咨询师负责人心理的疾病。

二是政府服务平台，这个平台给政府提供第三方外包服务。政府的更多的非执法功能将被外包给专业的第三方，这些人包括律师、谈判专家、会计师和税务师、诉讼会计、鉴定人、公证员、心理咨询师等。

三是为企业服务的平台，我们也可以称为企业管家平台。多数企业更乐于将行政、法律、财务、技术服务（专利、商标、版权等）、招投标、融资、流程节点管理、商业谈判等外包给专业的机构来完成，因此能成为更专业的技术生产商、文化创造商或者平台提供商。在上述的工作下，我们可以清晰地看到，各个职业的融合已经成了必需。融合之后，将成为某个方向的职业共同体。

我们将在上述平台上从事服务的律师、心理咨询师等专业人士，称为服务业的职业共同体。关于如何对上述三个平台细分，我将以具体的案例形式，在下面的章节中作为重点来阐述，这里我重点阐述这个平台的组织模式。什么样的组织模式适合我们职业共同体呢？唯有事业合伙人模式。

首先，以律师和会计师为例，事业合伙人制度是非常适合这两个职业的，因为，第一投资少，第二超级挣钱，第三则是这两个职业天才云集。在市场细分的基础上，在跨界和融合的基础上，这些职业的天才人士，完全可以组建一个高大上的事业合伙人团队。

其次，平台经济下需要事业合伙人制度这个构架来对接各个不同的组织机构。尤其是在现在的中国，这是对传统框架突破的唯一途径。没有跨界的事业合伙人制度，一个律师事务所如何和另一个律师事务所联合？一个律师事务所如何和会计师事务所形成紧密型的联盟关系？

再次，服务业的事业合伙人制度，可以在内部系统里按照市场原则细分。比如，某个律所试图发起一个管家平台的模式，而这个管家模式平台里面又细分出一个基于房屋买卖的小平台，这个小平台又可以细分。在这种细分状态下，我们可以允许每一个层次里都有相关的合伙人和事业合伙人的存在。其中事业合伙人是承担连带责任的那部分人，是未来将这个细分的行业当作事业为之奋斗一生的人；而其他合伙人则是有限合伙，只是投资人或参与者。因此，在一个细分项下，可能有三类人：一是项目的控制者——事业合伙人；二是投资者或参与者，也是分享者，有限合伙人；三是服务提供者，一般职员。这三类人组成了细分市场的专业化团队，层级的设置和控制权的分工，使这个服务业的合伙人框架更清晰了。

最后，服务业的事业合伙人强调的是事业，核心控制者是事业合伙人。这些合伙人有权决定某个项目的生死存亡。因此，这个合伙人的人数必须限定。同时，未予先立，规矩先定好。每一次确认事业合伙人都是一件非常严肃的事情，大家应有一个基于某项事业的宣言，作为事业合伙人的纲领。这个纲领是高于章程的最高原则，是事业合伙人事业的灵魂。

11　平台事业合伙人的搭建者和维护者：平台律师

我是从股权业务里走出来的，对于公司结构以及其他组织系统的结构模式比较擅长，后来又转到知识产权基金业务方向，对基于技术系统的细分有颇多研究，在律所运营中，我又将这种系统细分经验运用到服务行业的市场细分上，因此我自认为是一个基于服务业的市场细分专家。我认为，很多律师如果详加训练也可以成为这种专家。在整个服务业中，基于服务业的市场细分的专家应该优先产生于律师之中，应该由律师担任市场细分的指挥官，并在其指导下基于市场细分搭建各种市场需要的服务业平台，然后融合其他职业共同体成员，由律师监管这个市场细分之后的平台。律师是最好的结构师，也是天生的控制专家。在整个服务业领域，没有比律师更适合做平台的设计者、搭建者和维护者的了，而从事这方面业务的律师，我称为平台律师。做平台律师，是律师们最有前途的执业方向。

豫龙律师事务所正在做一个前人没有做的事情——定位为平台律师事务所，基于市场细分搭建各种精英服务者的平台。豫龙所这个平台搭建工作，现在是由案管办和律师学院来共同完成的，这个工作由我亲自负责。对于案管办和律师学院来讲，他们不必是熟悉某个细分市场的人，具体细分的市场还要由那个市场的发起人一起参与来完成。案管办和豫龙律师事务所，更侧重于宏观的市场业务细分，将一些项目部细分的专业系统按照逻辑结构安放在宏观的“篮子”里。

在我们的律所，我是服务业细分工程的总工程师，律师学院是研发师，案件管理办是流程节点设计师，这是一个总体的框架。一个律师来找我，他认为专门给跨境电商提供从公司成立到公司清算阶段的系列服务，包括法律、财务、税务、工商、公司重构、品牌运营、联盟搭建、维权等，是律师发展的一个方向。我认为这个方向不错，就联系了几个律师、会计师、互联网专家搭建了这个平台。现在，这几个律师就是基于这个业务的事业合伙人之一，共同构建、设计、包装、规划流程节点、设定团队规模、进行市场分析、营销定位等。当然，还要做事业合伙人宣言、章程、系列的制度等。在这个平台项下，整体的方案出炉之后大家一起出力，在平台资源整合的基础上再扩大整合的资源，从而形成一个基于跨境电商服务的项目部。

平台由谁来维护呢？由合伙人选派的管理人团队。这个管理人团队，负责者可能是一个律师和一个职业管理人，律师负责平台秩序的维护，职业管理人负责行政管理。平台最大的好处是一次搭建、终身收益，关键是维护的效果即服务质量如何。如果由律师严格按照流程节点对服务进行监督，那么服务质量将更加标准化。这个维护者也叫平台律师，但是这个平台律师擅长的不是创建，而是维护。

一个创建者，一个维护者，一般还要加上一个专业律师。这个专业律师可能是创建者，也可能是维护者。因此，哪怕是细分化程度很高的专业法律服务市场，或和法律服务市场交叉的多领域服务市场，合伙人中也可能需要三个这样的律师事业合伙人才完美，然后才是其他职业从业者。

平台律师＝创建者律师＋专业化律师＋维护者律师。在一个服务平台项下，结构可以是：平台服务者＝创建者＋（专业化律师＋注册会计师＋心理咨询师）＋维护者律师＋其他服务者。其中，那些核心的、不可或缺的、有事业心并致力于此服务的服务者，是事业合伙人。

当然，这里我说的是一个完美的服务平台格局。实际上现实并不会这么完美。谁是平台搭建者、维护者、运营者，在现实市场中不是必然的，这里存在市场竞争问题。只是我认为律师（所）发起搭建、维护和运营，其他精英服务者参与更科学。但现实是，德勤等四大会计师事务所先行了一步，他们从具有市场需求的市场细分做起，将细分的平台纳入自己的总部运营体系中。就此而言，我认为这种模式没有建立在事业合伙人的基础上，内部且具有封闭性，因此不是平台服务模式。

12　事业合伙人的框架构建

在智力创造＋智能制造＋平台服务的生产和运营模式下，服务业的颠覆和重构已经到来。其中，最优先级的是作为技术生产和文化创造的那一部分，跃升为第一产业，工农业和运输业整合为第二产业，即智能制造业和运输业，这是人工智能的天堂。服务业划分为线上平台服务和线下平台服务，线下平台服务，就是将剩余服务业重新整合在一起，成为新的服务业，为技术生产和文化创造、交易平台和智能制造提供服务。就单独的服务业而言，将形成大服务的市场体系。这对于律师、会计师等行业来说是不可逆的大格局、大趋势，我们无法从这个格局里面跳出来，只能率先发起自己的重构，创建自己的大服务体系，并逐渐适应这种分工格局。

关于未来之大服务格局，我认为应是这样的：

第一，就全球化而言，在大服务格局的推动下，律师业会像安永、普华永道、毕马威、德勤等几大会计师事务所一样，将跨越国界形成大的服务集团。同时，以律师和会计师为代表的律师事务所和大型会计师事务所将融合形成若干大型服务集团。这若干个大型服务集团，是全球大服务系的统领者，各个专业的律师事务所、会计师事务所等服务机构，基于事业合伙人模式或其他组织架构都是这些大服务系的成员单位或各种形态的关联者。

第二，在大服务格局之下，最佳的组织架构模式是事业合伙人模式。通过某种组织架构，以事业合伙人的形式将各个服务机构有机地结合起来，形成一个服务共同体，从而一起创建平台、维护平台，给平台上的客户提供优质的服务。

第三，在这个平台上，律师不但是创建者更是维护者，还可能是某个专业运营领域的服务者。或者说，在服务平台模型中，律师可能同时或独立担负三个职责：一个是创建平台，成为创始人之一；另一个是维护平台，为平台本身提供服务；还有一个是提供专业服务，为平台上的客户提供服务。就此而言，平台是平台律师的生命，在服务平台上，平台律师至少是核心之一。也正因如此，我们称事业合伙人框架结构是以法律为核心的大服务体系结构。

第四，律师、注册会计师等具有专业资格的人是大服务体系的重要成员，是平台建设者、管理者和运营者，而其他非精英服务者将是被管理者或一般加盟者。比如，在居民管家服务体系中，钟点工就是被“管家律师”管理或监督的服务的提供者。假如存在一个老年客户，在管家服务体系中，这个老人是典型的被服务者，他将不需要操心被服务之外的事情，并把这些事情都交给一个有道德的、平台型的律师“管家”托管，由管家律师帮助老人找医生、找保姆，组织整套服务过程。在老人合乎法律之内的需求，管家律师都可以通过寻找更专业的人来完成，并对服务的提供者的工作进行验收。这就是为什么说律师是平台维护者，因为在一个完整的平台服务中，是由被服务者、平台律师（或心理咨询师等专业人士）加上服务者三个角色来完成的。

第五，细分市场平台是绝对的。无论宏观的平台有多大，最终的服务则是细分的服务，可以细分到私人定制的程度。私人定制有严格的流程节点。比如，某位亿万富翁将遗产托付给一个基于家族传承的专业团队，他的要求是将他的孩子培养成达到某种水平的优秀的人，围绕这个目标，由富翁和服务团队设定好多个可能的培养模式和对应的多个预定标准，确定优先的执行级，设定培养的启动日期，然后执行这个计划。每一个设定，既不能违反法律，也不能侵犯被执行人的基本权利。这个团队，可能由律师、会计师、心理咨询师、经济师等组成。

13　综述：基于服务业的事业合伙人宣言

服务平台，无论规模大小，最好的组织架构模式都是事业合伙人模式。这个平台事业合伙人最好有一个纲领性宣言，以明确表述做的事业是什么、如何做、为什么做，并提出自己的目标。我曾为我们搭建的智董会平台写了一个事业合伙人宣言，宣言是这样的：

我们确信，未来，属于大技术时代。技术将控制生产，并成为财富角逐的核心竞争力！

我们确信，未来，将是智慧的时代。智力资本家的时代已经到来，谁掌握了智慧生产财富的秘诀，谁将是这个世界最终的赢家！

我们确信，只有专注于技术创新和企业运营模式的变革，才能够赢得未来，才能够使我们强大！

为此，我们这么一群人，企业总裁、技术总监、知识产权运营总监，还有那些拥有会创造伟大财富的智力资本家——无论他已经是亿万富翁，还是仍一无所有，我们走到了一起；我们这么一群人，大学教授、校长、天才的学生，还有那些草根创新者，我们走到了一起；我们这么一群人，律师、知识产权人、高级会计师、天使投资者、基金运营专家、上市辅导专家，我们这些第三方机构的精英走到了一起。

我们这么一群人，努力打造智慧产品，将技术和文化当作一种产品来运营。我们掌握了智慧，并善于运用智慧。因此，我们将是互联网时代的掌控者，将是物联网时代的掌控者，将是人工智能时代的掌控者，我们将是大技术时代的掌控者。

我们，就是最智慧的那一群人；我们，将形成无数个技术联盟体；我们，将打造出一个个强大的企业；我们，将支撑起一个强大的中国；我们，将成为寰宇间最声名赫赫的、见远识卓的、富可敌国的企业的代名词！

上面就是智董会的宣言。欢迎大家加入我们，成为事业合伙人、有限合伙人！

第五章

基于社区或乡村：管家平台的搭建

我将现实平台的搭建分为基于人、企业和政府三种。这三种平台的搭建、服务的方向，以及组建的团队自然不同。本章以我设计的一种基于中青年人的管家平台模式设计为例，来说明如何搭建一个平台。

1　基于爱和放下——简爱管家模式设计的方案

下面是我和我的团队写的关于简爱公社的策划书：

简爱，是一种生活

——简爱公社梦想创造作坊

简，简单；爱，有爱。寻找一种简单有爱的生活，人生将有不一样的精彩！

简爱公社，带你回归自然，给你创造梦想，帮你实现辉煌！

一、源于爱，基于简

1.《简·爱》一书讲述一位从小变成孤儿的英国女子在各种磨难中不断追求自由与尊严，坚持自我，最终获得幸福的故事。每一个人，天然有一种权利，追求幸福、完美、不一样的生活。这种生活，我们叫作自由。但是，在每一个人获得自由之前，我们似乎处在一种枷锁之中。

2.世俗或偏见，愚昧或无知，喧嚣或奢华，野蛮或压迫，使我们每一个人都生活在社会、世俗、家庭、爱人甚至自己制造的枷锁之中。

3. 当我们放下自己，摆脱世俗的一切，我们突然发现，一切犹如梦幻泡影！唯有自己，才是真实；唯有简单，才是生活；唯有爱，才是归宿！

4. 简爱，是一种生活。这种生活，是一种放下，放下红尘中的自己，将自己交给简单、交给爱、交给自然，枷锁自然消散。这种生活，是一种随心所欲的创想。我想要什么！便放下所有物质的奢华，简单地去追求，可能是用一生的时间，但是这个人拥有了属于自己的整个世界。这种生活，是一种大爱。爱，永远在心中，爱自己、爱别人、爱所有的小动物，或者山，或者水，爱始终在心中。也许是一个人，也许是很多人，孤独着或者牵手着在世界或灿烂的世界中行走。

5. 简爱公社，是一群追求简单的人组成的社群。他们有简单的追求，简单的爱，简单的生活；他们融入世俗，脱离红尘，心在自然；他们每一个人自由而空灵，每一群人自然而和谐。

6. 简爱作坊，是为简爱公社提供设计、建设、圆梦、助力的一群人组成服务机构。他们有天才的设想，与众不同的设计，简单有爱的奉献。

二、简爱公社

7. 除了爱和梦想，我们能不能放下一切，归于简单。这样的生活是什么样的？如何实现这种梦想？由谁来组织这样的生活？我们又如何参与、融入这样的生活？

一群人联合一起，为了实现这个梦想，共同打造一个空间，这个空间叫简爱空间，也叫简爱公社。这个空间里的所有人，都是简爱公社的社员。

8. 我为什么存在于这个世间？没有梦想，一个人来到这个世间，没有存在的理由。公社社员，首先给自己设定一个梦想：来到这个世间，我要做什么？什么是我想要的？什么对我才有意义？什么是我可能通过努力能得到的？

一个人说，我要在这个世界上自由自在地生活。这就是一个伟大的梦想。围绕这个梦想，这个人开始了他的筑梦行动。

简爱公社提倡，一个人在某一个阶段只有一个或两个梦。然后，造梦作坊的筑梦大师将围绕这个梦想，给你提出至简且有效的实现方案。

9.简爱公社，提倡爱。

除了对梦想的追求，拥有梦想的人还要携带一个他一生最宝贵的东西。这个东西，就叫爱。

爱自己并及于他人，及于世界的一切。也许有时候，为了实现梦想，还要爱那些不好的东西，如艰难险阻，如巨浪滔天。

10.简爱公社，是一种至简主义，除了梦想和爱，他们放下一切，自由而空灵地存在于这个星球。

为了简单，基于放下，公社需要一个强大的为了梦想和爱而存在的团队，这个团队的成员叫简爱管家。公社的社员，将把除了梦想之外的俗务交给自己的管家。

简爱管家团队，将负责公社的社员及其家庭的衣食住行乃至健康、教育，为社员打造一个能够实现梦想的爱的空间，一个温馨的简爱家园！

11.简爱公社，是一个虚拟和现实的空间，无处不在。这个空间，将由设计师、网络工程师、律师、心理咨询师、医生、建造师、工程师、专利代理人、职业经理人等拥有专业资格的人来维护和共建。他们首先是公社的社员，其次是为公社提供服务的管家或服务者。他们可以兼职或专职，无论如何，都要投入足够的耐心，都有足够的信誉。

12.简爱公社，众智、众创、众筹、众享。基于此，实现一种简约主义、一种理想主义。

众智，提倡每一个社员对公社、对自己、对社员的疑问、梦想、创意、爱和天才之举提出智慧的、可能的解决方案或者提供某种帮助，从而帮助公社打造一个理想的简爱空间。

众创，提倡每一个有能力的人，经过公社确认成为简爱空间的创造者。这些人包括但不限于设计师、网络工程师、律师、心理咨询师、医生、建造师、工程师、职业经理人等，哪怕仅仅提出一个简单的想法，都能成为公社众创空间的一员。

众筹，为了追求简约主义，公社提倡但不要求社员们通过众筹的方式来解决自己的衣食住行、健康、教育，从而节约成本、时间，并实现自己想要的自由的生活。社员们可以众筹一块地皮盖上自己想要的房子，也可以众筹一个小岛或者一个美丽的田园村庄过上自己闲适的生活，甚至可以众筹共建一所体现简爱公社精神的小学、中学、大学，实现我们想要的教育。

众享，凡是参与众智、众创、众筹环节的每一个人，简爱公社会根据最初的约定，给予创造者以利益共享，从而实现我们共同的梦想！

三、简爱管家

13. 河南第三方服务股份公司和河南豫龙律师事务所，发起成立简爱公社及简爱空间，并为这个公社和空间打造强大、兼容并包的管家团队。团队由专业的设计师、网络工程师、律师、心理咨询师、医生、建造师、工程师、专利代理人、注册会计师、职业经理人等组建并运营管理。

14. 简爱管家，是一个虚拟和现实相结合的平台系统，由网络平台、服务平台、运营平台三大平台构成。平台维护者均为公社社员，并经过系统严格的考核加盟，平台对服务者提供的服务负责。

15. 围绕简爱主题，网络平台包括但不限于简爱系列微信系统、简爱生活系列服务公众号、简爱网等。

16. 为了实现简爱生活、打造简爱空间，服务平台包括但不限于筑梦空间、共享律师、共享医疗、共享置业、共享教育、共享移民、共享创业、共享科技等系列服务，还包括私人定制服务如财富管理、接班人培养计划及执行、置业、创业等。

17.运营平台，包括实现上述网络平台和服务平台运营目的的系列运营系统、措施和服务。

18.管家首先应有忠诚的品行，并具有基本的判断力，从而使追求梦想的人更加放心地将除了爱和梦想之外的事情交给管家，实现彻底解放。管家还要能够做出最佳选择，将社员的事情交给最适合的专业人士去做。

19.平台实行社员制度。社员分为普通会员、核心会员、私人定制服务会员、投资者会员四类。

普通会员，是参与微信群、公众号、网络或现实平台的，认同简爱生活理念的人。这些人是简爱空间的基础。

核心会员，是以年费的形式，享受管家服务，并积极参与简爱生活活动的人。

私人定制服务会员，是在平台能够提供的服务范围内，为实现自己的梦想而授权管家平台提供私人定制服务的人。

投资者会员，包括以营利为目的、对平台本身进行投资的会员（简称平台投资者），以及参与平台发起的共享行动的投资会员（共享投资者）。一般平台投资者，只参与投资并对利益共享具有监督权，但不参与管理；共享投资者，在共享公约的范围内参与监督，但不参与具体的管理。

20.管家服务。分为一般服务、一对一服务、精准专业团队服务和私人定制服务。

一般服务，是指凡是简爱空间的社员，管家平台均给他们提供免费的咨询服务。

一对一服务，是指对于核心会员，管家平台将给其提供至少由一个律师、医生组成的管家服务团队。根据特殊需要和社员选择，还可以配置其他专业人士。

精准专业团队服务，是指社员可以选择具有不同等级、资质的专业人士，对其提供一对一的专门服务，管家平台将为其配备更适合的管家服务团队。

私人定制服务，是指根据社员需求，管家平台将给社员或其指定的人或者企业提供私人定制服务，以实现其订制目标。

四、梦想作坊

21.现在的你想要什么？今年的你想要什么？未来的你想要什么？没有欲望和梦想，人生就寻找不到生活的方向。先有梦想，才有通向梦想的航船！管家系统平台，将给你打造一个梦圆作坊。

22.梦想作坊，是一个倾诉热线，是一个微信群，是一个造梦空间。处理梦想作坊里的人，一般是一个心理咨询师，将你的梦想归类、分析、整理然后交给专业的团队，对你的梦想进行分析判断，确认梦想实现的可能性及路径，然后给你制作一份梦想实现计划。

23.梦想作坊，是一个“垃圾”倾倒站。在你试图实现梦想前，最好把你所有的苦恼、烦忧、困惑统统放在这里，然后携带着你的梦想以及爱，轻装出发，踏上梦想的航程！

24.梦想作坊，是一座问题解决所。为什么一个人总是难于实现自己的梦想？因为被身边的这样或那样的事务所困扰，从而陷入问题的牢笼，迷失了理想的方向，面对理想无可奈何！

除了梦想和爱，梦想作坊的管家系统将你过去、现在没有解决的问题、未来要解决的问题打包，经过专业的分析判断选择后，交给更专业的人代替你处理这些问题，从而使你轻装上阵，拼搏奋斗！

五、简爱空间

25.简爱空间，是指社员倾诉和规划梦想、讨论、创造、创业、购物、置业等行动的场所。包括简爱热线、网络空间、简爱堂、简爱创业工场、简爱购物、简爱小镇、简爱教育等场所或空间。

26.简爱堂，是指社员活动的基本场所，在每一个大的城市，未来都设置至少一个简爱堂，用来社员交流、会议、发牢骚或者交易等。

27. 简爱创业工场，是指为中青年实现自己创新或创业而特别设置的场所，帮助社员们打通创业瓶颈，解决创业难题，实现创业梦想。

28. 简爱购物，是指在管家平台的组织下，为社员以共享、集群的形式，进行网络采购或帮助创业者进行产品推介的网络运营空间。

29. 简爱小镇，是指平台在众筹的基础上，在管家平台的组织下帮助社员购买或租赁房屋、土地、岛屿、村庄或者其他，按照社员意愿建设和管理的符合社员意愿的居住空间。

30. 简爱教育，是指平台为社员或其子女，按照公社的理念打造的简爱教育系统，以培养更多的绅士、创业者、自由人，以及会享受生活的人。

31. 根据社员需要，在未来，简爱管家平台还将搭建系列的其他空间平台。

六、一切皆可放下，因为牵手我们

32. 即使我们长命百岁，也无非是匆匆的36500天。而有多少个日日夜夜，我们在人生的无奈中徘徊?！当红颜已老，年轻不再的时候，我们已经看不清自己曾经的容颜。

33. 一切皆可放下。唯有生命可贵，唯有亲人才值得珍惜，唯有朋友能带来欢欣和愉悦，唯有爱人才值得执手白头到老！但正是因为生命、亲人、朋友或爱人，我们徘徊或无助，我们失去了自己！

34. 今天，牵手我们，一切皆可放下。

简爱管家，将你放下的，珍贵地捧起，轻轻地呵护，让你走向不一样的生活！

2 关于管家

英国宫廷将管家的职业理念和职责范围按照宫廷礼仪进行了严格的规范，成为行业标准，英式管家也成为家政服务的典范，私人管家由此而来。传统的管家是一个家庭中的管理人员，他负责整个家中的事务，工作目标是令雇主的生活舒适。通常，一个英式管家手下会有一支完善的家庭服务队伍，包括家庭教师、厨师、保镖、花匠、裁缝、保姆、家务仆人等，这支队伍的日常工作都由管家统筹管理。

本项目所称的管家，是由专业的人对居民的生活、健康、工作、权利进行维护，提供专业咨询或服务的人，包括通识管家和专业管家。通识管家不一定是医生、律师，但是他能够给居民提出寻找最适合的律师或医生的建议，或者寻找其他专业的人；专业管家则是那些专业的律师、医生、房产经纪人等职业人员。

这种管家服务是一种外包式的，即居民将所有的杂务外交给管家来处理，他（她）只需要最后确认就可以。这样，参加简爱生活的人，只需要读书、工作和娱乐，或者陪伴孩子们就可以了。将所有可以放下的都放下，让身体和心灵轻松而自由。这是管家的工作目标。

3 关于简爱团队的构建

如何回到简单，如何让我们有时间重新享受爱的滋润和抚慰，如何让我们的心灵空灵而自由？是时间，是将我们所有能扔掉的烦琐都扔掉！但是如何扔掉，扔给谁？简单和爱之背后，需要一个专业而强大的团队。

简爱公社是由一群专业人士发起的一个基于简单和爱的半封闭式社群。这些专业人士，包括不限于律师、心理咨询师、房产经纪人、注册会计师等。这些人联合成为河南第三方服务股份有限公司的事业合伙人。河南第三方服务股份有限公司作为发起组织机构，其联合河南豫龙律师事务所、河南聚铭律师事务所、河南锦绣山河不动产服务有限公司等多家律师机构、心理咨询机构、婚介机构、家政服务机构、房产中介机构，甚至教育引导机构等，作为机构合伙人。这些人和机构，共同对简爱公社的社员承诺，给社员提供一个“简单和有爱”的空间。

简爱公社的服务机构，都是经过严格筛选的。比如，河南聚铭律师事务所拟将做河南省范围的基于简爱公社管家律师事务所，永远专注于给社会提供最优质的管家生活。河南豫龙律师事务所的内部设置简爱管家平台，对所有提供服务的专业人士和机构进行监督。其他机构，比如河南锦绣山河不动产服务有限公司将仅给社会提供房屋买卖、房屋建造指导等服务。所有的团队或部门将只专注于一件事情，给社员提供专属服务。

简爱公社设置管家的职位，一般由专职律师来担任。管家律师就是平台律师，他的职责包括不限于为社员规划什么是自己可以放下的事情，哪些是可以委托专业人士来做的事情，然后由社员做出选择；当社员遇到问题时，经过管家律师给社员提出建议，安排最适合的专业人士来为其办理委托事务，或由专业人士提供咨询；管家律师将全程陪同社员安排事务，或受托监督事务的进程。管家律师服务的客户一般不超过100个社员，这可能是管家律师能够服务的客户的极限。

管家律师不是最专业的律师，他不为社员办理任何案件。但是，首先，他一定是最忠诚于社员的人，考量管家律师称职与否的是管家忠诚程度。其次，管家律师是最好的组织型律师，他能够恰如其分地为社员考察、筛选和推荐其需要的人。

管家律师的背后有系列的专业人士支撑，确保每一个服务都是专业的。这些专业人士将打破传统的服务机构的组合，形成一种“+服务”的服务模式。比如，给社员们购买一套二手房，提供服务的可以是两个专业人士的组合，一个是房产经纪人，他负责验房和协助办理交易手续，而另一个是专业的房地产交易的律师，他负责合同审查以及和对方律师就法律问题进行沟通。作为客户只需要关注房子的位置环境价格就可以了。

比较有意思的可能是对社员婚姻矛盾的处理。比如，在离婚问题上，作为管家及背后的服务团队，到底帮谁呢？简爱管家对此首先持中立态度，以非离婚为目的进行调解；也不反对友好的分手，并协助办理相关法律手续；当确实无法调解的时候，建议他们理智地到法院诉讼，诉讼期间原则上依然担当调解人的角色，他们可以各自委托律师。一般地，除非双方共同同意，简爱背后的律师团队才为他们各自提供法律服务。

所有参与简爱专业机构的带头人，都是简爱管家团队的事业合伙人。一些优秀的参与者也可以成为这个团队的合伙人。河南第三方服务股份有限公司将和各个专业的服务机构组建基于简爱管理合伙人的项目公司，合伙人将该项目公司作为管理平台，共同推动简爱事业的发展。

4 倡议：事业无限，道德永恒

河南豫龙律师事务所每年都接待许多二手房买卖的客户，听他们抱怨房产中介的问题。我问他们为什么不同时请律师陪你们卖（买）房呢？他们惊奇地反问：买卖房还要找律师？当然，买卖房需要找律师，还要找专业从事买卖房屋业务的律师。在美国，假如你购买一套房，房产中介在给你罗列的费用清单里，必不可少的费用就是律师费。豫龙律师事务所每年接待很多婚姻诉讼，很多离婚的原因不是基于夫妻的感情，而是基于生活习惯、亲戚朋友关系等，年轻夫妻越来越不知道如何处理夫妻关系；一些刑满释放的人或假释的人从监狱出来了，或者一个孩子沾染上了网瘾无法根除，这些问题如何处理，对那些有缺点、错误甚至服过刑的人或问题儿童如何善加引导？这些原本的社会边缘问题已经浓缩为系列的社会问题，而这些问题已经远不是一家律所或心理咨询事务所能够解决的，这是一个系列和综合的社会大工程，需要律师和专业人士将其当作事业去做，从而化解社会难题。反过来理解，对于这些投入基于“家和爱”的服务平台专业人士来说，事业的前景无限。

如果仅依靠律师在“错误发生之后”去解决问题，将产生更大的社会成本，并给社会带来诚信危机，甚至使市场经济失衡。因此，专业的、跨界的综合团队的组建已是当务之急，假如中国有十几支类似于简爱管家模式的团队，必将推动社会稳定和市场经济的发展。因此，我建议，律师、心理咨询师等专业人士联合起来，大家一起参与这个对社会有益的伟大事业。

当我们投入这个事业的时候，专业知识的考量固然是必需的，但是作为平台律师，作为平台服务者而言，首先考量的是平台服务者的道德。因为平台本身的属性是公开的、透明的、规范的，通过平台的搭建实际上给大家建造了一个相对封闭、健全的市场经济秩序，如果为平台服务的管家或服务者的道德出现了问题，那么这个平台就会崩溃。因此，对于平台的事业合伙人，既然他们将某个业务作为终身事业，并以平台为存在的根本，那么他们就会拼命去维护这个平台，并使平台不出现诚信危机、道德危机。

事业无限，道德永恒。对于类似“家和爱”的居民服务类平台来说，这个平台和平台上的所有参与者都不在乎挣钱的多少，而试图追求一种心灵的归属，寻找到“心灵”停泊的港湾。

简爱空间是我们精英服务者机构搭建的基于爱、简单、安全、价值实现的平台；简爱空间是给社会精英人群搭建的一个轻灵而自由的港湾，希望全社会的精英人群都加盟我们，我们这些精英服务者将给大家带来不一样的体验，不一样的轻松和自由。

第六章

基于大技术时代：智董会平台的搭建

哪里有市场，平台就建设到哪里；平台需要什么，我们就给平台注入什么。我和我的合伙人团队设计的“智董会”平台是基于大技术时代，基于未来的生产模式，在技术创新和知识产权的基础上给社会提供的一个价值推动的平台。

1　智董会是什么

智董会是一个平台，是一个服务于技术生产（文化创造）和技术（文化）交易的平台，也是一个基于未来生产模型的开始。

技术能生产吗？这是我经常反复问自己的一个问题。在搭建这个平台之时，必须回答这个问题。而我的答案是：能。考察历史，人类关于技术的生产，经历了如下几个阶段：

第一个阶段，是基于空间的偶然创造。这个阶段，始于人类的父系氏族阶段初期，那个时候人类基于物理学的空间结构，在劳动实践中创造了无数适合人类需要的工具。这个时候的创造有两个特征：一是偶然，二是空间创造。

第二个阶段，是基于物理学和化学性能的偶然改变。在物理上，人类的创造体现在掌握了物硬度的变化，因此人类实现从石器到青铜器再到铁器的跨越。在化学上，人类掌握了化学的变化理论，使创造物的韧度、柔性、颜色等丰富多彩了起来。但是，这个时候创造仍然表现为劳动过程中的偶然性创造。

第三个阶段，是工业革命到来的第一次技术浪潮。这次工业技术革命，给人类带来基于制度推动下的必然的创造过程，在创造方向上，核心表现为能量的创造，以及基于能量的空间结构的改变。之所以说是基于制度推动，特指英国的专利制度，在英国兴起了轰轰烈烈的技术革命。此功劳，除了文艺复兴的背景之外，首推英国的专利制度，及技术垄断（一定期限）的许可。没有英国的专利制度，人类的技术或存在于偶然创造的原始阶段。这个阶段，除了蒸汽机给机器“赋能”之外，人类围绕可以赋能的机器，给各类曾经的工具开始赋能，且针对传统机器。同时，为了适用“蒸汽”这种能量的使用，进一步改变工具的空间结构和物理性能。

第四个阶段，是人类基于电的第二次技术革命。这个阶段，人类的创造在对物理和化学的性能联系的基础上，基于逻辑结构体现出技术创造的必然性。第一个必然体现在物理学上的能量改变，人类将能量转化为一个统一的能量体，即电能；第二个必然表现为化学元素周期表的发明，人类将各种化学元素按照某种规律性进行排列组合。这两项使人类进入电子、原子甚至量子时代成为可能。

在这个阶段里，出现了一个伟大人物，就是爱迪生，他创造了另一种必然的技术生产模式。假如其他科学家的创造是物理性和化学性的，那么爱迪生对人类最大的贡献不是他创造了多少发明，而是发明时使用的一种独特的模式。虽然他失败了，但这是人类第一次按照组织架构模式，使创造成为一种必然，这也是人类未来技术生产的组织模式的源头。这种模式，我称为爱迪生发明工厂模式。

第五个阶段，是基于计算机及信息技术革命的第三次技术革命。此时，基于专利的制度已经被各国普遍采纳。在这个阶段，出现了三类研究机构，第一类是国家创造的科学院及研究所（如马普研究所），第二类是大学，第三类是某些企业创办的研究所如贝尔实验室，也有企业在内部设立了研发中心。这种将技术当作产品来研发的模式是半市场化的，其生产技术的目的，或为国家研发，或为教学之辅助，都不能用更专业来形容。反之，在企业内部的研发中心成了实用技术的产生地，其研发的技术或者委托研发以及购买的技术反而成了企业的非卖品，只有在和企业的专利使用冲突时，才开启交叉许可交易的模式。但无论如何，研究院、大学、企业通过对某个方向的技术的专注性生产，使人类的技术更新无限加快了，以至于第三次技术革命还没有结束，人类就立即迎来了第四次技术革命。

第六个阶段，是人类以人工智能、机器人技术、可控核聚变、清洁能源以及生物技术为技术突破口的第四次技术革命。这个阶段，人类直接从工业时代跃迁到AI时代，人类以生产技术和文化创造为核心劳动的时代。在这个大时代，我们不用再探讨技术是否能够生产的话题。但是新的问题出现了，我们将怎么样生产和生活？

在这个大时代探讨“技术生产”的时候，我们或许将无地自容、无所适从，甚至迷失方向。在这个阶段，我们必须生产技术和创造文化，或者为之提供服务，这就是未来人类所有的核心工作。而这种工作，必将使技术的生产从偶然进化到批量化的、专业化的生产时代，人类社会形态也因此将产生更大的跃迁。

在我们回顾了上述六个技术的生产阶段之后，我们将更加明白智董会的深刻含义。通过智董会这种组织，我们将孵化一个个技术的生产流水线，使参与智董会的人都成为智力资本家。只有这样，我们才能适应这个时代，并创造我们想要的未来。

2　智董会的平台运营模式

智董会平台和社会上其他的私董会或师董会不同。私董会和师董会平台更专注于现实企业家的需要，比如给企业家灌输股权理念、技术理念，并提供资金、项目和人才的交流机会。而智董会平台则更专注于集合技术生产的系列要素，并为私人或企业事业机构的技术生产、运营和维护提供人财物以及各项综合的服务，因此我将智董会平台理解为对中国孵化器平台的升级和跨界。

智董会平台首先假定技术可以生产和交易。生产的目的，可以自己直接使用，也可以许可他人使用。因此，智董会首先是一个为技术生产和交易提供服务的平台。基于这个目的，平台将生产和交易的过程细分若干个节点，在每一个节点都有不同参与的人或组织进行生产或交易，或为生产和交易服务。

平台在组织架构上将参与者分为技术生产者和文化创造者，他们首先是平台的核心；其次是对技术生产和文化创造的投资者，他们是资金供应商，是跟投者；最后是平台服务者，这些人包括律师等专业的人士。这三类人统称平台的参与者。

关于如何对技术生产和文化创造进行生产流程节点划分及部门设置的问题，我和我的团队曾将从技术生产的创意开始到一个技术系列产品的科创板上市（或交易所直接上市）全过程划分了60多个细分的部门，每一个部门都有各自的服务流程节点，都有相关专业的人士参与。

比如，在创意发起阶段，在智董会平台上的某个团队或某个人发现另一个人或机构正在研发基于窗户的技术，那么平台上的服务人员和这个技术工作者就可以开展一个叫“基于窗户的技术生产和运营”的项目。第一步，对这个技术进行专利分析，就如元素周期表一样，组织专家对窗户可能实现的技术进行分析和布局，从而形成若干个系统方向的技术生产车间；第二步，对这个项目搭建组织结构，设计生产和运营模式，组织各子系统部门的组织人员；第三步，在为上述生产和研发组织运营部门的同时，进行第一期融资；第四步，对“基于窗户的技术生产”向社会收集创意，购买他人的相关技术或形成专利联盟体；第五步，相关的研发团队对这个技术系列进行二次开发，使各项技术进入实用领域。我们将“基于窗户的技术生产和运营”作为一个系统工程来完成，而“基于窗户的技术生产”之后则要加上一个“运营”，这是指市场化的运营，包括但不限于权利的申请、权利的管理、权利的运用以及权利的维护，还包括基于权利的融资、权利的股权结构设计、权利的打包上市等。

技术生产和运营的分工让每一个人（机构）只做一件事情或称节点，比如对于“基于窗户的技术生产和运营”项目做专利分析的可能是一个大团队，但是他们做完专利分析就可以去做其他事情了，可能留下一个系统工程师负责运维。这个时候，智董会平台和其他平台的不同就显示出来了，这个参与专利分析的团队是智董会平台下的事业合伙人机构，有两种收费模式，一种是折合成现金，另一种是折合成基于这个项目的合伙人股份，模式由创始人决定，其他的团队合作模式都可以这样操作。基于此模式，再加上基金公司等金融机构的介入，虽然应对的是一个系统的技术生产和运营的工程，但是所有的业务流程都细分了，资金的投入量也就没有那么多了。

熟悉硅谷模式的人都知道，硅谷天使投资费用的相当一部分是律师、技术和会计师等费用，被折合为现金经过核算计入投资费率了。智董会试图打造超越硅谷投资的模式，即直接将各种生产和运营的服务费用折合成投资计入。如此，我们可以想象智董会将出现这样一种超级天才和专家人员的组合——技术生产者专注于技术生产，而生产车间的其他一切服务都由第三方专业机构（人）作为股东参与，项目上市之后这些第三方机构再退出项目。

3　技术生产参加者

智董会不反对已经成功的企业家加盟，也不反对企业家参与技术的生产，比如自己组织技术生产，或者为技术生产组织资金，或者成为技术的购买者或使用者。但是，智董会首先是那些天才的发明家的智董会，智董会的创始人试图将这个组织打造成超越硅谷模式的技术生产的孵化器。

我曾经给大学、中小学的孩子们讲授创新和知识产权的课程。在讲课中，我发现中小学生是最善于创新的一个群体，中国人的创造性想象力或者说创造灵感，我认为从高到低依次是：小学生 > 中学生 > 大学生 > 工程师 > 讲师 > 研究员或大学教授，在创想能力上，老教授反而是排在最后的。但是，小学生的“灵感”自由奔放、没有约束的灵感是空间想象的灵感，而研究员和老教授的灵感是理性的灵感，是基于知识的系统性和规律性而产生的。因此，就知识的系统性和规律性创造能力，又呈现出反递减规律。那么有效创造能力最强的是哪个群体呢？当然是中间群体——大学生和青年研究员、工程师、老师等。这个年龄段的人，精力、灵感或知识的积累都是最能产生有效发明的。我经常异想天开地设想，一个发明的项目，让所有年龄段的人都参与创造，效果如何呢？

这个异想天开的假定其实非常有道理。基于这个假定，以关于“窗户”的技术为例，我给技术的生产系统设计了一个生产流程，比如面向中小学生甚至大学生，我们可以公开收集“窗户”的发明创意，那些产生了有效技术创意的大中小学生将被纳入关于“窗户”的技术研发团队中成为发明人之一，然后由大学生、青年教授等形成一个研发团队，而那个（些）知识和创造经验丰富的老研究员或教授则是课题项目的总指挥。如此，我们就组成了一个有形和无形交织的发明工厂。

知识很多时候也源于兴趣，只有对知识更感兴趣的学习者，才能掌握到真正的、可以灵活运用的知识，并处处展现出创新的激情。

智董会不拒绝天才的孩子们的加入，反而认为正是这些天才的孩子，才是中国的未来。因此，在智董会的创新中，一般将从孩子们那里收集创意当作一个一般流程，在创意收集中发现那些优秀的孩子，并邀请他们加入智董会。

4 核心服务者：系统工程师、专利工作者和律师

和居民管家模式不同，智董会平台需要更专业的人，这个平台上的核心服务者将是更强大的专家团队的组合。其中系统工程师是最关键的职位，相当于一个生产系统的CEO的角色。

通常我们理解的系统工程师是指具备较高专业技术水平，能够分析商业需求并使用各种系统平台和服务器软件来设计并实现商务解决方案的基础架构的技术人员。但是智董会需要的系统工程师要具备如下条件：第一，不限于软件或计算机行业，设计所有技术的生产系统中的工程师，比如我们可以细分为基于软件的系统工程师、基于计算机开发的系统工程师和基于农药技术研发的系统工程师等，这个系统工程师至少懂得一个大的方向的技术路线；第二，掌握系统理论，即这个工程师要是一个系统专家，比如至少具有数学（空间）或者哲学（科技方向）的理论知识并掌握了系统论知识，懂得对技术生产系统的拆分、合成等理论，以及能够懂得专利导航系统对系统技术研发的作用。

上述两个条件是最低的要求。如果提出更专业的要求，则是这个系统工程师必须是一个专利代理人（在欧美国家叫专利律师）、知识产权律师，以及具有证券从业资格的人。从人才培养的视角来说，如果一个人本科学数学，硕士研究生学发动机或机械学，到了博士研习生的时候学专利分析（或计算机、大数据等方向），而毕业后他又同时拿到工程师、专利律师和律师的资格证书，有这样的交叉背景的是理想系统工程师人选。

如果我们不能培养出这样的专家，也没有关系，我们可以让不同的专业人员

共同组建一个基于某项发明创造的指挥中心，这个中心由系统工程师、专利代理人（专利分析方向）以及懂得股权、知识产权和金融的律师组成（或者加上懂得金融的会计师）。这个指挥中心再加上核心的发明人员，就构成了发明工厂的中枢大脑，这个中枢大脑可以担任任何一个以商业开发为目的的技术生产和运营的宏观决策的任务。

就如同我对发明创造的历史阶段的分析一样，人类已经进入了从偶然创造到必然创造的历史阶段，之所以能够实现必然的创造，就在于我们现在有强大的辅助体系。随着技术的跃迁和人类的发展，关于技术的生产将越来越专业化。直到一群发明家只关注技术生产本身，而其他需求全部由第三方来帮助其完成的时候，人类将迎接一个更伟大的时代，在这个时代，技术将获得更大的跃迁式的发展。而“偶然创造到必然创造”的核心支撑，就是为技术提供辅助的专业人员，如系统工程师、专利代理人及知识产权律师等。

系统工程师、专利代理人及知识产权律师等专业的人才，并不是所有的技术生产者都可以寻找并聘请到的人才。因此，若将这些人才聚集在如智董会般的服务型机构项下，成为一个服务共同体，将是一种最好的服务提供模式。

5 辅助推动者：会计师和基金工作者

智董会平台是三类人的共同平台，一是技术生产和文化创造者，二是投资者，三是为上述两类人提供专业服务或外包服务的专业人士。在专业人士中，系统工程师、专利代理人和知识产权律师的组合是核心服务的提供者。辅助服务的提供者是会计师和基金工作者等，这些人提供财务服务或金融服务。

假如是律师为智董会平台搭建了一个基础性的框架，平台律师和知识产权律师等成为平台的维护者，那么会计师的作用是什么呢？一是和律师一起为某个生产系统设计适合的组织结构，如公司模式、有限合伙模式等；二是为这个组织结构（下称公司）提供对参与者透明的财务系统，使每一个参与者明白公司资金流向，并确保公司资金的安全；三是和知识产权律师一起，通过高新技术认定等多种手段实现税收优惠，以及申请各种国家资金补助；四是和股权律师、基金律师和基金经理等一起通过股权、基金、银行贷款等各种形式为公司融资；五是和证券律师一起推动公司在科创板上市，甚至直接在交易所上市。

基金公司在对技术性企业的价值推动上发挥了无可替代的作用，因此，在智董会平台中，吸引更多的专注于技术创新和价值推动的基金经理人的加入是必不可少的。基金经理是专业的职业人，尤其是私募股权的经理，更擅长通过对公司的股权购买和转让获得利益。一方面，他们会睿智和理性地劝告那些投资者不要把鸡蛋放在一个篮子里；拥有股权的目的不是生产或者长期持有股权，而是将股权当作一个产品来买卖，并因此实现收益。因此，他们能获得投资人的信任，将资金放到基金管理人这里。另一方面，他们寻找那些天才，给他们投资，扶持他们的企业。当双方目标完成之后，根据最初的投资协议基金公司退出。因此，在智董会体系内，基金管理人是一个不可缺少的角色。

6 智力资本的投资者

智董会鼓励那些传统的企业家转型为智力资本家。对生产投资的核心表现为对技术生产的投资。其实，现在已经表现出这种趋势，我们以排名前四名的医药生产行业为例，2018年，辉瑞公司（美国纽约）研发费用79.62亿美元；罗氏（瑞士巴塞尔）研发费用98.03亿美元；诺华（瑞士巴塞尔）研发费用81.54亿美元；

强生（美国新泽西）研发费用84.46亿美元，这四家公司将营业收入的20%左右的资金都用于研发费用。如果核算其利润和研发费用之比，结果将远远超过20%甚至达50%。这就意味着，如果一个公司年净收入（不含研发费用）200亿元，将投入100亿元用于研发。我充分相信，这不是最终的数字，在未来，根据行业不同，对技术生产（研发）的投资或许将超过这个比例。

有多少家公司能够将百亿千亿元的资金投入技术生产（研发）呢？这也是我搭建智董会平台的一个原动力，我试图通过这个平台，倡导更多的公司机构将资金投入技术研发上来，并通过一个更大的平台孵化它们的技术。

中国民营企业技术的落后表现在制造业，没有足够的技术生产（研发）的投资，就没有足够的利润，就不能掌控自己的未来。

我看好两种人，也许这两种人代表着未来：一种是“80后”和“90后”创业的人，他们中的许多人依靠自己的打拼创业已经实现了人生的第一个梦想，他们更能够看到未来；另一种则是那些老企业的继承人，他们和父辈有不同的创业意识。因此，当我们搭建这个智董会平台的时候，我们更希望将这些人当作智力资本家来对待，期望他们加入我们这个智董会团队，成为我们的事业合伙人，希望这些人是智董会的跟投人。

加盟智董会的投资者，我们称为跟投人，这些人也是为技术生产提供服务的人，即提供资金服务的人。我们给这些跟投人设定了一个底线，即任何对技术生产投资的人不能成为最大的股东或者企业的实际控制人。智董会的目的是将那些天才打造成超级富翁，帮助他们建造一个技术帝国，而这个帝国的管理者不是投资人，而是技术的创造者。在未来，技术的创造者将是未来经济的主宰者。

当然有例外，比如一个投资者或投资者的联合体，他们自己作为创始合伙人打造一个或若干个技术的生产系统，或者购买技术，或者自己聘请技术专家生产技术。这是他们自己在运营，对此智董会并不反对他们，并乐意帮助他们。

第七章

政府服务平台的搭建

政府购买法律服务产品以及其他服务产品，是国家走向法治政府和服务政府的必由之路。政府需要什么服务，服务机构就应按照市场化的要求，给政府研发和提供什么服务。除了政府法律顾问、行政诉讼等常规法律服务，以及正在如火如荼推广的调解服务平台之外，我和我的团队研发了四个平台服务模式，即社区矫正服务平台、危机管理服务平台、舆情服务平台和招商服务平台。

1 调解服务平台

中国的调解模式从民间调解开始，现在又逐渐深入专业调解即律师调解的服务领域。在中国，通过调解方式来解决民间争端正在进行有益的尝试。我将这种调解解决矛盾的方式，当作一种平台调解模式。

人民调解是指在人民调解委员会的主持下，依照法律、政策及社会主义道德规范，对纠纷当事人进行说服规劝，促其彼此互谅互让，在自主自愿情况下达成协议，消除纷争的活动。人民调解是我国法律所确认的一种诉讼外的调解形式，它是我国社会主义法治建设中的一项伟大创举，也是我国一项具有特色的法律制度。它有自己独特的组织形式，完整的工作原则、制度、程序，严格的工作纪律，方便灵活、形式多样的工作方法。

中国之所以推出调解制度，有其深刻背景。一是中国人口多、面积大，国情复杂；二是中国人习惯于有事情找政府解决，试图通过政府来化解一切争端，这种习惯一度上升到信访层次，使政府压力剧增；三是诉讼案件量随着GDP增长指数呈现上升趋势，比如2018年统计的数据显示，人民法院受理案件2800万件，创历史新高，同比上升8.8%，如果不通过多元化寻求争端解决机制，仅仅依靠司法力量，已经远远满足不了需求。而历经多年时间，自从人民调解制度推行之后，至少在政府信访等多个渠道，争端解决的压力起到了一定的缓解作用。虽然人民调解员也开始进入法院，但是人民法院的案件压力仍然没有释放。

2018年，《关于加强人民调解员队伍建设的意见》将律师、公证员、仲裁员、基层法律服务工作者、医生、教师、专家学者、心理咨询师、婚姻家庭指导师等社会专业人士和退休法官、检察官、警察、司法行政干警以及相关行业主管部门退休人员等，作为重点选聘的对象。不仅如此，2019年，针对律师参与调解工作，各地司法（厅）局和法院还联合出台政策，允许律师事务所设立调解工作室，并和人民法院建立了司法确认等链接机制，打通了调解—司法确认的路径，使调解转化为有执行效力的司法文书成为可能。至此，中国式调解在缓解司法审判压力上成为可能。

如果说2011年的调解机制是基于人民调解员，即居委会、社区主导的调解模式，那么，2018年开始探索的调解机制，则是在原来调解机制的基础上，向专业化、平台化和可执行化发展。

所谓专业化，即新构建的调解队伍更注重引入专业化人才，比如律师和心理咨询师等。我认为，由律师（基层法律服务工作者）+心理咨询师+退休的法官（检察官、警察、司法行政干警）组成的调解团队将更具有公信力和实效，即更专业化。所谓平台化，即允许在律所内成立调解工作室，这个工作室实际上就是一个小平台。所谓可执行化，即经过工作室调解的案件可以直接通过司法确认转化为司法裁判文书，从而使律师的调解工作具有了执行效力。

这里，我主要说律师调解平台。在律师调解平台上参与调解的律师就是平台律师的一种。这里的调解律师不是代表争议各方，而是站在中间立场上化解争议。在调解过程中，调解律师应鼓励各方聘请律师参与调解，这样就成为“三个律师”之间的调解，能更好地将事实厘清。

因此，当将调解律师定位到平台律师的地位时，我们发现律师调解（工作室）对地方律所来说将是一块很大的蛋糕。

第一，政策不但鼓励符合条件的律师事务所成立调解工作室，而且赋予了工作室收费的权利，如此一来，调解便不是简单而单纯的公益服务，而是一个市场化的服务。调解工作室的业务来源，一是来源于政府购买服务的那部分，即办理法院及政府交办的调解案件；二是来源于调解工作室自己发起寻找的调解案件。

第二，律师的调节工作室可以走进各个协会、交通管理部门、社区等，一方面为社会提供公益服务，做法律宣讲；另一方面基于对这个工作室的信任，可以获得更多的调解案源。

第三，调解律师可以成立一个类似的调解联盟，即建立互相调解制度。以律师协会这个平台为例，在律师协会可以建立调解工作室，号召律师征求当事人的意愿，按自愿调解的原则，通过律师将案件交到律协调解平台，各方当事人可以聘请律师参与调解，各方共同选任调解员来调解案件。这种调解很大程度上比通过法院判决更有效率，也能在实现公平的同时维护社会和谐，国家也会鼓励这种调解模式。如此，在诉讼、仲裁的争议解决模式之外，将产生第三大争议解决方式——律师（工作室）调解的争议解决。再加上人民调解员的调解，中国就构建了四种争议解决方式。

第四，可将专家论证的程序引入调解工作。即当各方当事人（或委托代理律师）和调解律师对事实或法律适用有争议的时候，征得各方当事人同意后，可邀请法律专家对相关法律问题做出解释，从而实现调解之目的。

因此，律师介入调解机制并作为居中调解人，对地方律师事务所来说是一个契机。中国数千万的案件，若能够通过律师调解来分流一部分，不但节省了司法资源，减少了当事人的诉累，而且促进了国家和社会的和谐，更使律师获得更好的发展空间，这是非常有意义的事情。如果律师事务所以此为专业化发展方向，将会获得突飞猛进的发展。

2 社区矫正服务平台

根据《社区矫正法》的规定，社区矫正的对象为被判处管制、宣告缓刑、假释和暂予监外执行的罪犯。对此，国家将成立专门的社区矫正机构，负责对被矫正人员的监管和帮扶工作。

服刑人员长期在监狱服刑，不但导致国家监管成本加大，也会使其脱离社会，不利于改造；而假若简单地将服刑人员复归社会，则可能给社会带来安全隐患。比如美国的《综合犯罪控制法》认为社区矫正是以保护公众安全为出发点的，并规定社区矫正适用对象通常是对社会危害较小、人身危害不大的未成年人犯罪、初犯、轻微犯及表现良好的假释犯和缓刑犯，这些人适用社区矫正，同时法院在作出判决前会要求社区矫正机关对犯罪行为人进行调查和评估，即确认释放是否危及“公众安全”。加拿大的《矫正和有条件释放法》对社区矫正作了比较全面的规定，认为保护公众安全的最佳方式就是让犯罪人安全地回归社会，最大限度地降低重新犯罪的可能性，使其成为守法公民。矫正计划是为了减少罪犯释放后再次犯罪的危险性而设置的，为每个犯罪人特别量身定制。实际上，加拿大的法律认为，在对被矫正人是否危及“公众安全”充分评估的基础上，给予被矫正人充分信任和相应的权利是必要的，这是被矫正人安全回归的保障。

我将一个人可能犯罪的问题及处理问题分为四个阶段：第一个阶段是犯罪预防阶段；第二个阶段是犯罪追诉阶段；第三个阶段是社区矫正阶段；第四个阶段是矫正期到期后的重新犯罪的预防阶段。除了犯罪追诉以外的另外三个阶段可以统称为大社会矫正体系，包括犯罪预防、社区矫正和重新犯罪的预防。针对这三个阶段，由律师和心理咨询师发起，搭建一个大社会矫正体系平台，为社会提供类似的公益服务，是十分必要的。

在社区矫正系列里，大社会矫正体系平台应做的事情包括以下几个方面：一是义务协助负责矫正的人，积极参与社区矫正。《社区矫正法》第11条规定："社区矫正机构根据需要，组织具有法律、教育、心理、社会工作等专业知识或者实践经验的社会工作者开展社区矫正相关工作。"第13条规定："国家鼓励、支持企业事业单位、社会组织、志愿者等社会力量依法参与社区矫正工作。"律师和心理咨询师到社区积极参与社区矫正工作，是国家大力鼓励和支持的，未来将有大量的律师以义工的形式参与到社区矫正中去。二是充分利用律师的身份协助社区矫正部门对被矫正人员进行培训和心理引导。三是为被矫正人员提供法律服务。四是通过自己的人生感悟感化被矫正人员。

在重新犯罪的预防体系里，国家已经不再对曾经犯罪的人进行社区矫正，此时，大社会矫正体系平台可以填补这个空白，平台应做的包括以下几个方面：一是将他们当作平常的朋友对待，引导社会成员不对他们有歧视；二是引导他们按照法律的规则办事情，有事情一定找律师，而不是自己私下解决；三是当遇到律师也解决不了的问题时，不要仇视对方、政府或社会，学会感恩和宽容；四是引导他们珍惜自己、珍惜家庭；五是要学会通过自己的特长创造价值。

搭建大社会矫正体系平台的律师或心理咨询师一定要有公益之心，不能怀有私利之心。大社会矫正体系平台是一个公益的平台，若有直接的私利之目的，这个团队可能就会变质，必然走不长远。

3 危机管理服务平台

在互联网经济时代，一些小的敏感事件在自媒体酝酿和发酵后，很可能呈爆发式地快速传播，形成恶性的、不可控的危机事件。10年前，我们律所的杨树林博士开始关注这类危机事件发生，并跟踪过很多危机事件。经过他对大量危机事件的研究，发现60%以上的危机事件是由于信息不畅通导致的冲突。现在互联网时代，这种信息不畅通情形虽然减少到50%以下，却呈现了由A到B的联想和对比式危机，这种情况更难控。

关于应急管理，应急管理部应对各类突发事件工作，推动应急预案体系建设和预案演练。建立灾情报告系统并统一发布灾情，统筹应急力量建设和物资储备并在救灾时统一调度，组织灾害救助体系建设，指导安全生产类、自然灾害类应急救援，承担国家应对特别重大灾害指挥部工作。指导火灾、水旱灾害、地质灾害等防治。负责安全生产综合监督管理和工矿商贸行业安全生产监督管理等。对此，重大事故灾害、自然灾害或其他突发性灾害，中国已经建立起一套完整的预防和应对措施，也已经具有丰富的经验。但是，对于可能的“小事件”“小事故”的衍生危机，如何防患于未然，尚待进一步地理顺职责归属和处理流程。就危机管理的范围而言，包括一切可能引发大事件的危机事件。

作为谈判专家和危机管理专家，杨树林博士认为政府官员和现场的受害人或其他当事人不宜直接地进行沟通。因为政府是事故的处理部门，一来在责任事故没有确定之前，政府官员不宜对责任事故进行认定，而这恰恰是受害人家属关注的；二来政府官员在现场不宜过于表达政府承担责任的说辞，政府应在积极救援的同时将事故原因调查放在首位，而实际上有的事故调解如火灾事故，需要长达月余才可能查清；三来政府直接介入各种危机事件、重大事故灾害、自然灾害自然责无旁贷，但是由专业的第三方团队冲到政府的前面与事故（事件）的受害人进行危机谈判、沟通也十分必要，这样政府就有进退的空间，即最好的事故（事件）处理模式是由社会第三方危机管理团队处理社会性的问题，政府更侧重于指挥灾难救助事宜，从而避免政府和受害人即关联方的直接冲突。

但遗憾的是，还没有这样专业的第三方危机管理的处理团队。我认为，危机管理处理团队应由资深律师和心理咨询师等组成核心人员，针对不同的危机事件，再以危机管理专家、社会学专家、资深媒体人等为辅助。

杨树林博士认为，危机处理的核心是谈判和沟通，而谈判和沟通的核心是拉近当事人心里诉求与法律可能给予的结果之间的差距。因此，危机谈判需要掌握法律学、心理学和中国社会学的专业知识，同时掌握一定的谈判技巧，比如将博弈学引入谈判中。目前中国几乎没有谈判律师，而专门从事政府危机处理谈判的律师更是不多。实际上，这个方向很需要专业的律师。而且，政府应以一次性或阶段性购买服务的形式来让危机管理型律师提供服务。只有这样，才能促使更多的资深律师转向谈判律师、危机管理型律师，以培养中国自己的谈判专家律师、危机管理型专家律师。比如前者，将来还可以细分为国际性的谈判专家律师，代表国家参与对外谈判。

我们搭建这个平台的目的，除了服务地方政府外，还试图对那些志愿成为谈判律师、危机管理型律师的律师进行培训，填补这个缺口，并建立一个全国性的第三方危机管理服务平台。这平台不仅可以服务政府，同样也适用于发生重大危机的企业，比如对企业在面临危机的时候进行具有公信力的托管等。

在危机管理型律师参与危机事件的过程中，这类律师属于平台律师，即他不是代表当事各方的谈判，而是代表中立的第三方参与沟通式谈判。原则上，他不能代表其中的一方参与诉讼活动。比如，一个特大型交通事故发生时，政府或公安交警部门应立即通知随时待命服务的第三方危机管理团队，启动危机管理程序，让团队中的谈判律师、心理咨询专家等成员在最快时间赶到现场。根据需要，还要在如医院、受害人家属住所等附近设置分现场。第三方团队到达现场之后，先与现场官方人员进行交接，此后政府工作人员专注于现场救援事务，而由紧急成立的危机管理小组负责以下工作：第一，现场人员的清场和劝（远）离工作（政府只有在必要时才动用警方力量，警方力量主要负责警戒，不参与劝退）；第二，接待记者，协助新闻发言人和记者沟通关系（危机管理团队一般应有当地资深媒体记者介入）；第三，以志愿者身份接待受害人家属，代表政府安抚和安置家属，并进行相关沟通，按照法律规定划清政府管理责任和赔偿责任及界限；第四，协助家属和责任方进行赔偿谈判；第五，陪同家属为死难者送行；第六，处理政府临时交办的其他事宜。

搭建危机管理服务平台，对国家、对社会，以及对律师和心理咨询师等服务机构，均是具有重要意义的事情。希望有律师同人将这个平台的搭建当作事业，和我们一起协力搭建这个平台。

4 舆情服务平台

有些人认为，媒体和律师参与舆情管理（政府方向）是帮助政府“消灭”新闻报道，这是因为大家对舆情的概念不理解才会产生这样的想法。实际上，舆情是“舆论情况”的简称，是指在一定的社会空间内，围绕中介性社会事件的发生、发展和变化，作为主体的民众对作为客体的社会管理者、企业、个人及其他各类组织及其政治、社会、道德等方面的取向产生和持有的社会态度。它是较多群众关于社会中各种现象、问题所表达的信念、态度、意见和情绪等表现的总和。

为什么现在各个国家对舆情和舆情导向很重视？是因为现在的资讯已经从传统的纸媒传播向立体化传播发展转变，这种传播带来的影响很难被控制。比如对网络舆情而言，是以网络为载体，以事件为核心，是广大网民情感、态度、意见、观点的表达、传播与互动，以及后续影响力的集合，带有广大网民的主观性，未经媒体验证和包装，直接通过多种形式发布于互联网上。有人总结了形成网络舆情六大要素，即网络、事件、网民、情感、传播互动、影响力。随着信息社会的发展和互联网的普及，社会各阶层与网络的接触更加紧密，社会各类信息呈现出传播渠道多、传播速度快、传播范围广的特点，容易形成网络舆情。中国互联网舆论环境复杂，网络谣言、非理性声音极易引发公众对立情绪，成为激化社会矛盾甚至酿成重大社会事件的导火索。因此，社会各界呼吁构建和谐的网络言论环境；另外，各级党政机关要及时了解信息，加强舆情监控，提高舆情应对能力和在新舆论环境中的执政能力，及时化解矛盾，处理好政府和民众的关系。

传统控制舆情的方式常用“删除”“屏蔽”等方式来解决。我形容这种舆情控制的方法是“堵”，而堵不如防、不如疏。如果通过专业人员提前检测到可能对社会有影响的舆情，将一些可能造成影响的小事件消化掉，并进行正能量引导，不但达到了社会和谐的目的，而且促进了社会的发展。

那么，谁是舆情分析的专业人员？是记者和律师、心理咨询师。谁是防微杜渐处理舆情事件的专业人员？是危机管理律师（谈判专家）、心理咨询师。因此，假如由记者、危机管理专家（律师或其他）、谈判专家（律师或其他）和心理咨询师以及网络技术专家共同搭建一个舆情服务平台，为政府提供专业化的舆情资讯收集、整理、分析，出具法律或其他解决方案，介入问题解决过程等一条龙服务，对政府将具有非常大的帮助，或者说，这是市场所需要的。

舆情服务平台搭建之后，我们设计了平台的服务流程节点。

第一步，是收集资讯。媒体都有各种资讯来源，在政府授权下，将获得更多的资讯来源，比如政府热线等，因此地方的都市媒体将获得更广泛的资讯。

第二步，对相关资讯进行整理和分析，判断相关信息中所发生的事件对社会的影响力大小，以及未来可能延展出的影响。

第三步，针对可能造成影响的事件，向有关部门提出媒体分析和法律建议书。这一步很关键，必须建立在法律处理的基础上。

第四步，如果有关部门认为确有影响，可以派出不限于舆情平台服务团队的成员，作为危机管理事件进行处理。

第五步，若事态仍将蔓延，则应将危机管理小组升级，由更高部门参与，舆情平台服务团队作为第三方跟进。当事态弱化，或事件处理完毕，团队则完成使命。

5 招商服务平台

国外的投资考察团的组合有两个模式：一个模式是投资者+律师+四大会计师事务所的会计师，另一个模式是律师+四大会计师事务所的会计师，经过投资者的充分授权来中国考察。现在我要说的是这些律师，他们一般都是投资型律师，到中国来的任务，第一是尽职调查（包括对中国法律和投资环境调查），第二是洽谈投资。这种律师在欧美和日韩等国都很常见。有的国外律师凭借他们国家的项目邀请中国企业家到他们国家投资。在一个国际性的投资过程中，律师充当了中介和公证人等多种角色，但是一般只代表一方。

中国现在主要以地方政府直接领导招商引资工作，通过地方的各种优惠政策来实现招商目的，律师鲜少参与地方的招商引资。“一带一路”给我们提供了逆向思维，即我们的企业不但要招进来，而且要走出去。我们欣喜地看到，中国律师正在“一带一路”相关活动中发挥着重要的作用。

实际上，在国际性的交流中，国外对两类主体是比较信任的。一是协会组织，很多国际交流都通过协会来完成；二是律师。就国际性招商引资而言，中国律师能发挥很大作用；同样地，在中国企业走出去的过程中，中国律师将发挥巨大作用。

目前，我的律师事务所针对招商引资事宜正在搭建一个平台。这个平台，一是和地方媒体以及各个企业协会合作，为地方政府提供招商引资服务，每周在郑州召开一个招商引资会，邀请各个企业协会参加，将在市县区收集到并经过我们整理的项目以路演的方式推荐给各个协会的企业；二是以河南企业事业法人维权协会为平台，以律所为支撑，和各省市类似的协会展开合作；三是让河南各地招商项目走出去，每月到全国各地做一次招商活动。当然，第三步将联合各省协会及地方政府走出去招商，不仅限于“一带一路”沿线地区，而是到全球各地区投资或推销产品。这就是招商平台的意义之所在。

这个平台规模很大，不是一个律所能够完成的事情，希望全国各地的律师事务所一起来参加。全国数万家律师事务所如果共同参与搭建这个平台，将产生更大的号召力和影响力。律师+协会+媒体，这样的招商模式，如果再融入“一带一路”的体系，将能更好地推动中国经济的发展。

第八章

基于为服务提供服务的框架体系

在上述章节中，以豫龙律师事务所正在或即将搭建的平台为例，我用不同的表达方式描述了我们豫龙律师如何以平台律师的视角搭建平台。本章我仍然以“平台”为基础，细分不同的律师和律师事务所在平台上的类型和作用。

1　律师总量会越来越多

2018年，中国律师人数达到了42.3万，比2017年的36.5万增长了14.8%。一年增长将近6万名律师。中国律师是不是太多了？其实不然。如果我们律师仍然主攻诉讼业务，10万名律师可能都没有饭吃，但是如果我们用诉讼律师、顾问律师、专项律师和平台律师的思维去做律师业务，仅仅专项律师和平台律师方向就需要大量的律师。因此，律师的多少关键不在于数量，而在于我们是否专业化，是否发现了新的业务路径。

以管家型平台律师为例。我认为管家型律师将容纳下列律师：管家律师、婚姻律师、房产律师、家族传承（遗产继承）律师。在大的城市，也有专门给个人做税务规划的律师。管家律师是平台律师，而婚姻律师、房产律师、家族传承律师等我们可以称之为系统律师，也可以说是专项律师。其实管家律师也是专业律师，只不过他是专注于平台服务的律师。基于市场需求，我认为现在管家平台的搭建适合一线和二线的大城市。随着城市发展、人们意识的提高以及私人顾问市场的兴起，管家型律师模式大有可为。2014年家庭统计数据显示，中国有4.3亿个家庭，按照100个家庭共享一个私人顾问的模式计算，哪怕扣减一半并考虑各种可能，也需要上百万律师的规模，因此，管家律师以及支撑管家平台的婚姻律师、房产律师、家族传承律师等专业律师，合计预估要接近100万人的规模。

将来律师人数最多的领域可能在技术生产和文化创造领域。这是大技术时代发展的需要，也是当代律师发展的伟大机遇。按照欧美国家的惯例，将专利代理人也纳入律师行业称为专利律师，加上版权律师（文化创造和保护）、商标律师以及其他的知识产权诉讼律师等，我充分相信，这个行业的律师数量将至少占整体律师数量的1/3甚至接近一半，这是最保守的估计。而且这些人的学历普遍高于其他律师，大部分具有硕士研究生以上学历。

专注于为政府服务的律师数量也将不断地增加。中国如果试图走向法治型政府、服务型政府的道路，那么，将大量的行政服务业务外包给或分流给以律师为中心的各种第三方机构将是一个必然的趋势。中国将越来越法治化，政府更专注于服务；唯有政府行政服务外包，才能实现小政府大服务的目的。

此外，统计显示，GDP的增长量与诉讼案件的增长量呈正相关，同样地，诉讼案件量的增加也必然导致律师数量的增加。这个数字将逐渐与发达国家持平。

总之，综合上述种种情况，我们可以预测，在未来的20—50年内，中国律师总量将达到500万人左右甚至更多。500万，这个数字还不到中国总人数的百分之一，1000人中连5名律师都没有，而美国2016年全美执照律师超过131万，按人口3.24亿计算的话，每千人中就有4名律师。当大技术时代到来之后，需要律师的地方将越来越多，而不是越来越少。

2 提供综合平台服务的律师事务所

在未来，只有两种律师事务所可以立足，一种是综合性服务性律师事务所，这种律师事务所我称为平台型律师事务所；另一种是专业律师事务所。一些县域的律师事务所也许在20年内不转型还能够适应地方发展的需求，但是在这些律师事务所内仍然要区分出专业型律师。

专业律所之外，是综合性律师事务所。而综合性律师事务所也分为综合性服务性律师事务所和综合业务律师事务所。这二者的区别在于，后者是什么业务都办，专注于业务办理；前者是就律所的合伙人而言，主要是给律师们提供服务，搭建各种平台。

在最近20年内，豫龙律所合伙人的使命在于给律师和律师事务所搭建各种平台，联合心理咨询师事务所、专利事务所、会计师事务所等各种专业服务机构，一起搭建大服务平台。搭建好平台之后，大家一起为社会提供更专业化的服务，这就是综合平台律师事务所。为了这个目的，我们5年前成立了一家专门的服务公司，叫第三方服务股份公司，这家公司不做投资性业务，而是连接各个专业服务机构的平台公司。我们试图用这个平台公司将各个服务机构通过合法的途径连接起来，形成一个超大的服务平台系统。

第三方服务股份公司和律所的关系是公司将律所的行政管理（内勤、外勤、接待、会议管理和保洁）、财务、案源拓展、自媒体运营等非案件工作托管，而律师只专注于研发案件、案件管理、代理案件。这样，我们首先做到了将业务和管理及案源拓展分开。在律所内部，我们又成立了律师学院和案管部，律师学院专注于研发案件，案管部专注于管理案件，而律师则专注于办理案件。所以在我们律师事务所，从普通律师到合伙人律师都比较轻松，因为管理与我们无关。我们将管理服务和案件拓展外包给了第三方服务股份公司。同样的模式，我们将之复制到其他服务机构——那些和我们联盟的精英服务机构，如会计师事务所等，这些专业机构的人员也是专业做案件，不再管理行政事务。

其次，我们努力将自己打造成平台律师事务所。通过第三方服务股份公司与律所的联合，我们试图让更多的专业律师和专业律师事务所加盟到我们这个体系中。而且这个体系当然不限于律所和律师，还包括专利事务所和专利代理人，会计师事务所和注册会计师，我们甚至将媒体的记者纳入这个平台，让他们成为我们自媒体的合伙人。因此，第二步就是我们给精英服务者和精英服务者机构提供服务。

最后，我们在整合了律师、会计师等精英服务机构之后，形成平台并携手给个人、企业及政府服务。

3 平台之下：专业化轻松实现

专业化的律师事务所有两条路径：一是自己做专业化，将专业化做到最精致、最极致，然后进一步发展专业化分所模式；二是围绕一个大的平台机构，形成专业化和专业化的联合。后者是我倡导的一种模式，我称这种模式为“综合专业平台+N个专业化平台运营”模式，对于在这个模式上运营的专业化律所，我称之为为专业平台提供服务的律师事务所。这也是我强烈向地方律所推荐的模式。

就律师（所）服务而言，服务目的之一是让律师和律所都实现专业化；目的之二是努力打造多个专业化律师事务所。我认为，只有这样的模式才符合地方律师事务所的发展。

以平台为基础做专业化服务的律师事务所，就是针对某个现在看起来可能很小的业务方向搭建一个专业化平台，或依托一个平台，然后将相关有兴趣且有能力的律师聚集起来，一起专注于做这个方向的业务。比如我们设计的简爱管家模式，是一个专门针对大中型城市“70后”的平台服务模式，这个模式还可以扩大到其他社群。这个平台虽然看起来很小众甚至有点小资，但是外延很广，市场很大。

关于平台的搭建，以简爱管家事业为例。比如，如果走专业平台服务律师事务所的路径，一个城市可以先有一个律师事务所和我们律师事务所一起发起，然后由第三方服务股份公司（或类似机构）将这个专业律师事务所的行政类非专业业务外包，在律师事务所内部也设置简爱管家事业部，与其他房产中介、心理咨询师单位联合起来形成一个公司化模式，然后共同去做这个业务。

我们仍然以简爱管家这个平台模式为例讨论平台之下的专业律所。这个平台管家模式项下，可以容纳至少四个方向的更专业的律师事务所：一是基于婚姻的律师事务所，这个律师事务所提倡不离婚，或者以和谐方式离婚的模式，主要由婚姻律师 + 心理咨询师构成；二是基于房产交易的律师事务所，这个律师事务所专注于从事房产交易，主要由房产律师 + 经纪人（机构）组成；三是基于继承和财富传承的律师事务所，由律师 + 税务师 + 保险经纪人构成；四是基于个税模式的律师事务所，专门为那些名人即个人“资本家”提供服务，给这些人进行税务筹划、管理财产等。上述四个业务可能有交叉，但是细分后，将各有侧重。

通过上述细分，一个专业平台项下有几个小细分的专业律师事务所，若干个专业平台项下就可能有十多个细分的专业律师事务所。我们律师事务所就是为上述平台律师和平台律师项下的专业律师提供服务的综合平台律师事务所。第一，豫龙律师事务所和第三方服务股份公司联合提供行政服务；第二，豫龙律师事务所和第三方服务股份公司成立大案件管理部，成立案件管理平台，专门管理平台项下的案件，进行这个大平台下的非专业案件输入（大平台）和输出（专业律所），形成平台项下的内部业务的交换。

在豫龙律师事务所内部，针对各个细分的专业方向也将成立专业的部门，与专业律所对应。这个部门的律师，一是进行案件研发，二是进行专业案件管理，三是对疑难、复杂性案件进行研讨，四是和专业律所一起承办重大案件。

我们再回头看单纯独立做专业律所的律师事务所，和融合到一个平台之上的律师事务所之间的区别。假如一个单独发起某个专业方向的律师事务所还要分心于行政、财务、业务拓展等诸多事务，也许业务仍然会做得很专业，但是要事无巨细地在内部营造一个庞大的自我服务系统，还要在外部自己搭建专业化平台，假如他们去发展各地市的分所，就可能受到内部管理能力的限制——投资成本很大，管理成本很大，案源拓展途径只能依靠其专业程度和业界声望。

而融入一个综合平台的专业律师事务所，上述所有的限制都不存在了。因为平台将所有的管理型事务全部托管了。无论在本地发展还是去外地发展，大家都可以共享办公、共享资源。同时，平台之下的案源拓展根本不是问题。

在平台上，上百人的管理团队为上千人的律师、会计师、专利代理人等提供服务，这就形成了1个专业的第三方服务公司+1（综合律所）+1（多个专业所或专业平台所+专业所）+非法律专业机构的平台效应。

4 参与平台服务的专业律师及其他服务者

在欧美国家，所有的律师都是专业化律师，在他们刚做律师的时候，甚至在读法学院的时候就已经选择好了做什么专业的律师，执业之后很少改变。而中国服务业的专业化之路还需要几十年的转变时间，但是对于新一代律师来说，现在必须开始改变。从现在开始，新一代律师就要选择做什么专业的律师，然后坚定不移地做下去。

以管家型律师平台为例。在这个平台之下，需要很多律师参与其中，对于一个新执业的律师来讲，他有专业化律师的选择：一是做管家，帮助委托人打理身边的麻烦事情，这就相当于私人顾问、综合顾问。一个私人顾问可以维持100多个客户，这样也就积累了很多潜在的客户资源。二是可以选择做婚姻律师、房产律师、财富传承律师。其中，婚姻律师处理与婚姻相关的所有纠纷，房产律师侧重于房屋交易，财富传承律师侧重于财富管理和继承处理等，各有侧重点。

在平台中，不要求每个职业律师（或会计师）一定是该平台机构的雇员，只要遵守平台规则，办理平台指定案件就可以。但是进入平台的非平台（联盟）机构的律师，需要经过平台对该律师的信用、能力等进行综合审查。

实际上，平台不仅仅是律师的平台，也是所有有专业资格（资质）的人（机构）的平台。根据不同专业机构（人）的组合，我们可以搭建不同的专业服务的平台，这些平台又可以最终汇聚成一个大的综合服务平台。

不同的平台，参与者的重要程度不同。比如在一个技术创造平台中，知识产权工作者在其间就是第一位的，其次是律师、会计师等，至于心理咨询师则没有必要参与这个平台。但是在一个社会矫正平台中，心理咨询师则显得比较重要，职业培训师有时候也可以参与这个平台。因此，不同的人（机构）必须参与他们应参与的平台，而组建平台者则必须邀请相关联的机构合伙人来共同搭建平台。

5　利益冲突审查

对于一个专业律所而言，当它（或律师）参与到一个平台运行中的时候，基于客户交叉产生的利益冲突是可能存在的，对此如何处置，考量平台的管理能力和职业道德底线。因此，平台必须建立利益冲突审查体系。

先说利益冲突存在的必然性。在审查中，律师事务所设计了利益冲突审查的基本原则：第一，看这个客户是否属于律所的顾问，如果是，则顾问优先；第二，看客户办理案件的先后，先办手续者优先，后办理者无法进入律所的立案系统。在此基础上，对一个平台而言，利益冲突审查更加复杂和严格。

利益冲突审查首先建立在案件管理平台上，即各个平台机构都要建立子案件管理平台和总案件管理平台，做到统一接受案件，同时还要具备案件流转的功能；要将平台项下顾问型客户的名单罗列在管理平台项下，以供检索；平台项下的机构和执业者，尤其是律师，不得接受与顾问单位利益相冲突的委托；平台统一接收案件，先接收案件者为平台客户；若客户均为平台客户，则主张调解，调解不成，通知各方另行聘请其他平台机构的律师，或者自愿委托他们各自信任的平台项下的律师（或其他服务者）。

基于利益冲突，我认为，中国应成立类似的多家大型服务平台机构，只有这样，客户才可有选择空间，也进而化解了利益冲突。当然，在一个平台之下，平台内部的客户冲突也可以基于客户自愿，通过调解机制解决。

6 第三方服务系统的链接及限制的突破

当我们跨越单纯的律师机构搭建一个更大平台的时候，我们必须突破现有的机制限制。所谓的机制限制，如律所不能以公司化运营，律师事务所和会计师事务所也不允许法人机构成为股东，即在律所和会计师事务所的合伙人（股东）中不能有法人股东，因此，将这些机构按照股东互相参股的形式连接在一起是行不通的，此时如何解决平台各个服务机构的连接问题成了服务机构的大融合的法律限制。

关于“律所不得从事法律服务之外的经营活动”，对于其中的“经营活动”我是赞同的。但是这个“法律服务之外”我觉得有问题。比如，我的律师事务所现在是双证律师事务所，国家知识产权局已经准许我们的律师事务所可以从事基于专利的服务性活动，这是否属于“法律服务之外”呢？比如海南省“鼓励具备条件的律师事务所实行公司化管理”，既然公司化管理，是不是意味着可以突破“法律服务之外”的限制呢？因此我认为，随着时代的发展，可以将这个“法律服务之外”改为“服务业之外的经营活动”，或者设定为“经过其他行政许可的经营业务除外”比较适当。而“经营性活动”，实际上也可以准确定义为从事生产和交易等投资性活动。若如此，将给大服务市场平台发展提供一个制度基础。在中国法律层面没有改变之前，围绕大服务市场、大法律服务市场，我也颇为期待海南省能够经过制度试验实现更大的突破。

当然，在上述制度制约没有突破之前，我们完全可以通过第三方服务系统的法律链接解决大服务市场的融合问题。以我和我的合伙人搭建的以大法律服务市场为核心的大服务综合平台为例，我讲一下如何通过托管、入股等各种形式来搭建这个服务体系。

早在2013年的冬天，我们律所的业务就已涉及商标、知识产权等诸项和法律交叉的服务业务。如果从大法律服务市场的角度而言，这些业务当然是法律业务，因为知识产权属于民法的二级学科。但是在服务实践中，客户并不认同一个律师事务所从事专利申请业务，他们认为这是很怪异的事情，而大量的专利事务所则将最基础的业务市场占领了。通过对国外的考察，我发现国外如德国的专利代理人实际上就是专利律师。如何打开这个通道？我们进行了反复研究，最后决定建立一个高于律师事务所的平台，这个平台能够统一管理多个机构，比如专利事务所、商标事务所、会计师事务所等服务机构，同时也能够托管律师事务所的“管理”工作。这个机构，我们设定了一个限制，即不得从事服务业外的经营。

2014年，我们成立一家叫河南第三方服务股份公司的机构。这个机构，是上述服务机构的平台公司，即为各个服务机构业务融合搭建平台的公司，自己不做任何的投资和经营，主要是对各个服务机构的管理或在法律允许范围内的参股。

关键是这个平台公司如何与律师事务所连接，形成利益性的纽带关系。我们参考新加坡服务外包的形式解决了这个连接。我们称这种连接模式为“非法律业务运营系统外包”，即律师事务所可以将除了法律业务办理之外的事务统统外包给这家公司，这就是管理和业务彻底分离的模式。而也是因为这种模式，让我们真正实现了公司化运营。律师不再参与管理律师事务所的非法律业务，由平台公司提供内勤、外勤、行政、案源拓展、自媒体推广、会议管理等所有的管理事宜。在律所内，只有律师是我们律所的人，其他人都是第三方服务股份公司派驻的。

按照上述模式，基于和第三方服务股份公司的关系，我们将各类服务机构划分为两类：一是外包托管型的，这些机构包括律师事务所和会计师事务所等事务所型机构，这些机构不允许法人机构持股，是合伙模式，因此我们用外包托管解决问题，平台公司绝不干涉各个专业机构的业务办理，专业的人做专业的事，平台公司做专业的管理事务；二是参股性质的，这些机构是公司型机构，法律允许平台公司以股东的形式入股，如知识产权公司，但这种入股形式的核心在于以管理机构的管理服务入股，原则上也不干涉各自专业业务的办理。因此我们成立的河南第三方服务股份公司是真正的管理外包型公司，是平台公司。

我们给第三方服务公司托管的这个平台设定了一个理念，叫“众智、众筹、众创、众享”。实际上，这是一个服务机构的共享平台，通过这个共享平台的搭建，在保持各个机构的独立性的前提下形成了一个大服务的融合。平台上的所有合伙人（股东）都是事业合伙人，我们称这种合伙人模式为跨界事业合伙人。

7 跨界事业合伙人模式的导入

通过平台植入模式和外包管理托管模式，我们将各个服务机构有机地连接在一起。在这个基础上，且在法律准允的范围内，我们创造了跨界事业合伙人模式。我和我的事业合伙人认为，这个模式是可以复制的模式，是合乎法律的模式，是一个基于大技术时代的模式。

第一，这个模式解决了地方服务机构的管理成本问题。这里的成本，包括人工成本和房租成本。关于人工成本，我们现在是数百人共享了20多个服务人员，而且这些服务人员本身都是会计师、税务师等非律师的专业人员，他们提供的服务不但专业，而且因为共享而使费用大大节省了。跨界事业合伙人的大服务平台的搭建，在费用节省上是适合地方律所发展的。

第二，解决了管理专业化的问题。律师、会计师这些专业人员，就其专业本身来说可能是最优秀的，但是在管理上都不太擅长。

第三，案源拓展彻底专业化的问题。就律所而言，我们律师是各自办各自的案件，这种模式永远无法复制或突破成专业化模式。第三方平台将各个机构连接起来之后，做的第一件事情就是要求所有的律师将“各自不做的、非专业案件或者小案件”都统一放到第三方服务公司的大案件管理平台，然后通过案件管理平台进行公司化运营。我们专门成立了基于诉讼和非诉讼的案件管理平台，这个平台下的律师人员都是薪酬制的。这是第一步，对于一些地方律师事务所来说，这一步是非常艰难的。

第四，跨界事业合伙人在平台下的案源共享问题。在平台模式下，所有的业务都统称“案件”，所有的合伙人都将他自己不做的专业案件或其他案件提交到平台之上，这是第一层共享机制；第二层共享机制，则是针对一些跨界业务，大家共同组建跨界服务团队来共享案件，共办案件。利用“+服务”的模式，让案件办得更专业。

第五，跨界事业合伙人机制是利用贡献值来考评合伙人地位的模式。比如一个县域一级的合伙人，如果他的贡献值足够大，可能升级到总平台下的合伙人序列。平台公司在合伙人这里，实际上是以虚拟的管理系统和财务平台实现基于贡献值的共享，并根据贡献值确定某一个合伙人在平台上的地位。

第六，跨界合伙人模式是个无限包容的模式。第一个包容是包容每一个对平台有贡献的人。即平台不仅仅吸引各个具有资格的专业人士聚集到平台下的大小专业机构，同时也将各个非专业但是具有一技之长的其他相关人士聚集在平台之下，比如具有案源拓展能力者、资深的自媒体人或者网络专家等，这些人是第三方服务系统的非专业人士合伙人。第二个包容是不限制外来投资者，但是对外来投资者具有两个约束：一是外来投资只能对第三方服务股份公司投资，不能对律师事务所、会计师事务所等机构投资；二是投资者不能成为无限合伙人，只能是第三方公司的有限股东，且不能参与平台管理决策，其仅有权对某个项目的投资与否进行决策。通过这两个约束，既包容并吸引了外来资金，扩大了合伙人的运营资金，又使平台在专业合伙人的掌控之下。第三个包容是对于业务组合的包容，即在平台下，可以根据市场需求任意组合社会所需要的服务。这客观上打通了因单个机构无法完成的业务瓶颈，彻底解决了案源拓展托管和专业联合这两个问题。我认为，这个包容是最关键的，如果没有这个包容，我在前面几章中设计的业务都无法最有效力地完成。

后记

更专注于系统和平台

本书的撰写计划起于2015年冬天，当时我们的大服务平台系统刚刚具备雏形，我对于平台律师的概念尤其将律师划分为诉讼律师、顾问律师、专项律师和平台律师的概念已经比较清晰。但关于对律师的职业细分，比如书中的专业律师和专项律师（当时我称为系统律师）的区别，还比较模糊。此时我们正在进行服务平台系统的搭建工作，一些概念和模式都没有完全成形，如什么是专项律师、平台律师、跨界融合，什么是大服务平台模式。

2018年，我们将豫龙律所从战略上定位为“平台律所”。2019年11月，我和我的合伙人要筹备豫龙律师事务所创办20周年（2020年）活动，大家说要将我们的模式系统化，这样才能更清晰地定位我们是做什么的，我们是如何做的。不仅可以让我们律所的同事和其他在第三方服务平台的合伙人有更清晰的认识，而且也可作为经验，让更多的律师、非律师的服务人员，以及我们的客户了解豫龙、了解第三方平台系统，使更多的人融入我们的体系。怎么做？于是我重新想到了这本未完成的书稿，条件已经成熟，我决定写下去。我用了不到一个月的时间，将这本书稿完成。虽然匆匆忙忙，但是过往和未来皆如眼前，可谓轻车熟路。这本书原是豫龙律所创办20周年的献礼，但实际上，这本书既是对豫龙律所20年历程的总结，也是对中国律所发展及第三方平台的展望，更是对未来合伙人加盟第三方平台的呼吁。

豫龙律师事务所的20年可以分为三个阶段。第一个阶段从2000年到2010年，此时的豫龙人，穷并快乐着。这也是我一生最值得回忆的一段时光。最初的豫龙律师事务所设在省信访局的四楼，以为穷人打官司而快乐。接着我们在河南文艺广播电台开办了一个《有话好好说》普法热线栏目。那时候，我的当事人大部分是农民，他们很穷，不知道怎么报答我们。有一个黄河边上的村主任老陈，经常听我作为嘉宾主持的节目，我们成了好朋友，帮助过他们的很多村民，他们那几年，每逢过春节，都在黄河里摇着他们的船，出发前给我发一个传呼说："李主任，我们给您打点鱼，在炎黄二帝的雕像等你。"然后我们就开着破面包车，见见面，互相道声"过年好，家人平安"，并严禁他们继续这样做，但是他们年年如此。后来，黄河禁止捕鱼了，于是之后每年过年捎带些山药、花生什么的。后来，我们和大河报合作大河说法栏目，每周都收到大河报转来的需要法律援助的案件，这些人很穷很穷，我们免费帮助他们处理案件，有时候大河报的记者也跟随记录。我记忆最深刻的一次，是某年快过春节的时候，我带着一个律师和一个随同记者，不到200公里的路程用了11个小时，坐车到了某地的一个县城，到的时候已经是傍晚了，然后踩着快到膝盖的大雪，步行走了7个多小时大约30里的山路到达村里的现场。赶到时是夜里3点左右，当时附近几个村里的数千村民等待着我们，然后集体下跪求我们帮帮他们。后来，他们的问题解决了，这几个村里的村民都经常来我们律所里看看。其实，老百姓很需要法律的帮助，只是他们不知道怎么做。对于政府和老百姓的关系，有时候沟通也很关键。中国人的内心深处都是善良的，柔弱的。

在这个阶段，我最感谢的是我的内勤杨远立。他比我大5岁。豫龙律师事务所创办的前两年他都跟着我，直到2009年。那是豫龙律师事务所最艰苦的时期。我们一直都在办公室吃饭，当我们要吃方便面时，他却说吃白水煮面条，说他闻不惯方便面的味道（也许他舍不得买方便面的钱）。中午休息的时候，他让同事睡沙发，自己则趴在桌子上睡觉。2008年的一天他突发脑溢血，经过抢救虽然能正常活动，但却说话有些困难。此后他多次告诉别的同事，他不能再在豫龙工作了，因为他不能更好地帮大家。我告诉远立，我们是一辈子的兄弟。突然有一天，我出差的时候，我的同事打来电话说他回老家了，自己找的搬家公司走的。

远立是山东东明人，家就在黄河滩上，我和同事赶到他老家，劝他回来，他坚决不回，说不能拖累大家，在家可以好好养病。回郑州的路上，我和我的同事抱头痛哭，远立是我们的兄弟，是我们一辈子的兄弟，他的两个聪明的孩子也是我们的孩子。

也许，大家都累了。在远立离开豫龙之前的几年，我们律所曾经有近30多个律师，但后来大家都陆续离开了豫龙，最后远立也离开了我们。如果律师不能养活自己，终究不是长久之路。那个时候，在地方律师事务所即使做案件也很难。于是我开始反思豫龙的发展定位。2009年，我卖掉了自己唯一的一套房子，卖掉了刚刚买来的一间180平方米的办公室，然后在城市中心的位置重新购买了400平方米的办公室。此时，现在的管理团队的负责人李焰加盟进来，开始代替远立做管理工作，我专心投入律师的业务发展中。转眼到了2010年，我们搬进了新的家。

豫龙律师事务所的第二个阶段是综合发展阶段，即从2010年到2014年。在这个阶段里，豫龙律师事务所虽然仍然给大河报等提供义务法律帮助，但把更多的精力放在了业务拓展上，开始在股权和知识产权方向发展，开始涉足房地产和建筑业务，开始涉足税务法律业务。在这个阶段，律所5年内购买了1000多平方米的办公用房。

第三个阶段从2014年至今，是平台化发展阶段，律所构建综合服务平台，融合各个专业服务机构。在这个阶段，大家共购买了3000多平方米的办公用房，人员规模也超过了300人，部门基本齐全。

2020年1月，豫龙律师事务所被耶律大学中国法律研究中心、新浪网、网易、凤凰网、新华网联合评选为2019年度（第二届）中国律所百强所。据悉，这次评选采用“声望与地位”“理念和模式”“执业律师素质与办公环境”“社会信誉和价值”“擅长领域”五项评价指标来对中国近万家律所评选。

豫龙律师事务所创业至今，我们始终保留着16个字的宗旨，我们搬家搬到哪里，这个宗旨就牢牢固定在墙上和我们的团队心中。这16个字就是："大道德行、诚信守中、渡厄解困、止戈腾龙。"后来，我们的合伙人又将这个宗旨这样解释：大道德行——大道三千，德者先行；律法千万，操守需清。诚信守中——为人事者，事必忠诚，为人谋者，奇正守中。渡厄解困——众生厄难，皆有因果；解烦去忧，慈航渡者。止戈腾龙——止戈弃武，万物合和，惟欣惟荣，龙腾高歌！

2018年，河南豫龙律师事务所对未来进行了重新定位，将发展定位为"为律师和律师事务所以及社会提供综合服务的平台律师事务所"，显然，上述16个字已经不能完全概括豫龙律师事务所，于是合伙人经过讨论，将豫龙律师事务所的价值定位为"权利的守护者，价值的推动者"，这是豫龙人的价值观。大河报资深法治记者韩璟伟送给豫龙人一首小诗，来形容这个定位，这首诗没有名字，他是这样写的：为了守护，豫龙人每月每年做了上千次免费案件和咨询，即使贫穷如洗、债台高筑。你们是一群有信念的中国律师，豫龙人聚集在一起守护着他们坚持的道德和信仰，律师还是伟大的造雨者。豫龙人试图通过某种规范或者引入某种模式以吸引更多的律师、会计师、专利师、心理咨询师凝聚成平台，推动个体或企业的价值再造。

从权利守护到价值推动。豫龙人已经完成了自己的发展和价值定位。而基于平台，基于第三方，豫龙人也正在完成从豫龙人到龙域人的转变。

2019年1月，我们在整合豫龙律师事务所、河南创想税务师事务所和河南华尔汇会计事务所的法律和税务资源，重构大法税体系的时候，项目的几个创始合伙人按照第三方平台系统的要求，要给项目起一个区别于豫龙、创想和华尔汇的名字，大家一致说就叫"龙域法税"吧，将来咱们的大服务平台就叫龙域。从豫龙到龙域，虽然是简单的谐音和颠倒，但我看到的是个更广阔的领域。如果中国的服务业能够形成几个龙域模式的联合，谁说中国的服务业不可以冲出国界，走向更广阔的世界呢?

龙域需要具有更广阔的胸怀。因此，我告诉豫龙律师事务所的合伙人们，这个龙域不仅仅包括豫龙人，而且包括更多的律师（所）、专利代理人（机构）、会计师（所）。只要大家拥有一样的事业追求，就可以汇聚在一起，共同打造我们的龙域空间。我们要赋予其使命，在将来的某个时候，我们会让大家看到，我们的团队将更好地服务于社会。

在未来，将有更多的豫龙人脱离传统的诉讼服务，成为专项律师和平台律师，并成为龙域的一名成员，联合其他律师（所）、专利代理人（机构）、会计师（所）等专业人士和机构，作为龙域人为社会搭建专业平台，通过平台上的精准业务研发和流程节点梳理，为社会提供精准化、专业化、流程化的服务。龙域人将专注于系统平台的开发和综合平台的搭建。

借此书的出版，感谢一路支持豫龙发展的朋友。这些机构包括但不限于大河报社及金顺利社长，韩景玮记者，周赞、刘静编辑，河南商报关国峰总编，河南法制报李东红总编，河南电视台公共频道张斌总监，河南文艺广播电台著名节目主持人建功、郭城，是你们与豫龙律所风雨同舟，互相扶持，走到了今天；更感谢司法系统的领导们，是你们对豫龙团队的宽容和包容，使我们的豫龙模式从不被社会认同到逐渐被认同，成为一个具有未来成长模式的律所。

在此，我也代表现在的豫龙合伙人团队，感谢所有曾经在豫龙团队工作过的500多个同人，如果没有你们曾经的奉献，就没有豫龙的今天。现在，从豫龙走出的律师，大部分已经是各个律师事务所的合伙人。有人说，豫龙是郑州律师界的黄埔军校，以曾经的豫龙律师为合伙人的律师事务所总体人数已经逾千人。更感谢豫龙人背后的家属，所有豫龙人都是有信仰和追求的人，正因如此，道路才艰难；也正因如此，豫龙人背后都有一个强大的、坚定不移的支持——我们的家属团队。尤其应该感谢的是合伙人的家属们，曾经在我们最为艰难的时候，是你们的支持，甚至不惜卖房卖车，才有了豫龙人更远的未来。

在此，我代表现在的豫龙合伙人团队，感谢第三方服务平台之下所有的事业合伙人。这些人包括但不限于张晓、秦华丽、李晓玲等。正是因为第三方平台的搭建，使豫龙人的发展，从豫龙走向龙域。在未来，我们的事业将整合在一起，创造并迎接新的辉煌。

在此，也感谢我的大学老师韩轩先生，他希望我成为一个学者，写更多的书，但是我辜负了他的期望。感谢原郑州大学法学院院长田土城，他无论是在学术上还是律所发展上均提出了许多中肯的建议，同时当郑州大学筹划举办2019年中国法学会民法学年会时，作为河南民法学研究会会长的他，让豫龙所成为唯一协办者。感谢我的兼职同事、中原工学院的法学院院长王肃博士，以及河南知识产权中心的刘西怀主任。王肃博士、刘西怀主任与我作为知音，曾对知识产权的发展和律师业的发展展开过多次激烈的辩论，有此知交，人生大幸！

更感谢中国检察出版社音像分社社长李广森，他是我的小学同学和玩伴，也是我们村庄的骄傲，曾经出版过很多书，作为制片人也曾经出品过很多电视剧。是他推荐我和中国法制出版社的马颖女士认识，我们一见如故。

最后，我感谢三位女士。一个是我的行政总裁李焰女士，她是注册税务师和会计师，也是我们的管理合伙人，更担负着豫龙所的半壁江山。另一个是我在病中的爱人杨素云女士，执手相扶三十载，无语凝噎望有安。还有一个是我伟大的母亲，一路辛苦，把我培养成为一个值得她自豪的真正的男人，愿老人长命百岁。

李海林

2020年7月16日

图书在版编目 (CIP) 数据

平台律师：大技术时代律师和律所的跨界融合之路 / 李海林，支合著. —北京：中国法制出版社，2021.6

ISBN 978-7-5216-1841-9

Ⅰ. ①平… Ⅱ. ①李… ②支… Ⅲ. ①律师业务－发展－研究－中国 Ⅳ. ① D926.5

中国版本图书馆 CIP 数据核字（2021）第 079090 号

策划编辑：马　颖　　责任编辑：王雯汀　　封面设计：周黎明

平台律师：大技术时代律师和律所的跨界融合之路

PINGTAI LÜSHI: DAJISHU SHIDAI LÜSHI HE LÜSUO DE KUAJIE RONGHE ZHILU

著者 / 李海林　支　合

经销 / 新华书店

印刷 / 三河市国英印务有限公司

开本 / 710 毫米 ×1000 毫米　16 开　　印张 / 14.5　字数 / 194 千

版次 / 2021 年 6 月第 1 版　　2021 年 6 月第 1 次印刷

中国法制出版社出版

书号 ISBN 978-7-5216-1841-9　　定价：58.00 元

北京西单横二条 2 号　邮政编码 100031　　传真：010-66031119

网址：http://www.zgfzs.com　　**编辑部电话：010-66060794**

市场营销部电话：010-66033393　　**邮购部电话：010-66033288**

（如有印装质量问题，请与本社印务部联系调换。电话：010-66032926）